Las más bellas oraciones del mundo

Maria Maglione

LAS MÁS BELLAS ORACIONES DEL MUNDO

A pesar de haber puesto el máximo cuidado en la redacción de esta obra, el autor o el editor no pueden en modo alguno responsabilizarse por las informaciones (fórmulas, recetas, técnicas, etc.) vertidas en el texto. Se aconseja, en el caso de problemas específicos —a menudo únicos— de cada lector en particular, que se consulte con una persona cualificada para obtener las informaciones más completas, más exactas y lo más actualizadas posible. EDITORIAL DE VECCHI, S. A. U.

© Editorial De Vecchi, S. A. 2018
© [2018] Confidential Concepts International Ltd., Ireland
Subsidiary company of Confidential Concepts Inc, USA
ISBN: 978-1-64461-011-4

El Código Penal vigente dispone: «Será castigado con la pena de prisión de seis meses a dos años o de multa de seis a veinticuatro meses quien, con ánimo de lucro y en perjuicio de tercero, reproduzca, plagie, distribuya o comunique públicamente, en todo o en parte, una obra literaria, artística o científica, o su transformación, interpretación o ejecución artística fijada en cualquier tipo de soporte o comunicada a través de cualquier medio, sin la autorización de los titulares de los correspondientes derechos de propiedad intelectual o de sus cesionarios. La misma pena se impondrá a quien intencionadamente importe, exporte o almacene ejemplares de dichas obras o producciones o ejecuciones sin la referida autorización». (Artículo 270)

Índice

Prólogo 17
Introducción 19
PRIMERA PARTE — Las primeras manifestaciones religiosas 23
Los pueblos primitivos 25
    Pigmeos 25
        A Khmvum (consagrando las armas) 25
        A la Luna 25
        Canto del arco iris 26
        Ofrenda (al arco iris) del primer animal abatido 27
        Por el nacimiento de un niño. 27
        Canto fúnebre 27
    Fang 28
        Invocación de los hechiceros fang de la selva ecuatorial. 28
    Wapokomo del Lago Tana 29
        Invocaciones 29
    Sudaneses 30
        Himno de los Akan (Ashanti) al dios Onyame, el Omnisciente. 30

    Indios de Norteamérica 30
        Plegarias iroquesas 30
        Plegaria de la primera cosecha de maíz 31
    Bhil 31
        Oración de la mañana de los bhil 31

SEGUNDA PARTE— Grandes religiones orientales . 33

India 35
    Plegarias de los antiguos hindúes 35
    A Ka (al Dios desconocido) 35
    Himnos del Atharva Veda 37
        En las ceremonias nupciales 37
        Cuando le salen al hijo el primer par de dientes . . 37
        A Aditi 38
        Exaltación a la Viraj 39
        Exaltación al Sol 40
    De los sudras 42
        Ceremonia del baño de un muchacho 42
    Del Bhagavad Gita 42
        Plegaria de Arjuna 42
Hinduismo 45
    Los místicos Bhakti 45
        Alabanzas 46
        Loas al amor de Visnú 46
        La presencia de Visnú 47
        Amor por el género humano 47
        Las plegarias de Kabir 48
Budismo 51
    Himno al Bodhisattva 51
    Ofrenda a Buda 52

Súplica 54
Plegaria de Angulimala 55
Exaltación de Siva 56
Al Dios del Amor......................... 56
Plegaria a Rama 57
Del poema de Thayumanavar 58
Invocación a Manjusri.................... 59
Buenos deseos formulados por Kuntu Zangpo en favor de los innumerables seres desprovistos de poder y que vagan en la rueda de los renacimientos......................... 60
India en la época moderna................ 65
Plegaria a la diosa Kali 65
El amor al prójimo....................... 65
Dios está en nosotros 66
El conocimiento de Dios 66
El amor es Dios.......................... 66
Letanías compuestas en una caverna 67
El Mantra del nombre de Dios (Ram) 70
Plegaria de Sundar Singh................. 70
Kriya-Yoga................................... 73
Tu única voz............................. 73
Dónde te encuentras 73
Nosotros somos uno...................... 75
Plegaria del Señor humildemente interpretada ... 76
La fuerza mágica 77
Tíbet.. 79
Plegaria de Milarepa..................... 79
China.. 81
Al Cielo 81
Al Cielo y a la Tierra.................... 82

Al Supremo Cielo 82
  Al Soberano Espíritu 83
  Para el sacrificio por los antepasados 83
Budismo chino 85
  La liberación de los animales. 85
Japón 87
  El canto de O-Kuni-Nushi 88
  Norito de la Gran Purificación 92
  A los Kami que protegen contra la desgracia 95
  Para la fiesta de la Luna (Tsuki-nami) 96
El Shinto moderno. 99
Invocación a Dios 99
  La ilusión 100

TERCERA PARTE — Religiones mesopotámicas . . . 101

Irán 103
  Himno a Ahura Mazda 104
  Yasna de la lucha de los dos ejércitos 105
  Yasna de la «última crisis de la creación» 106
  El fuego, instrumento de la justicia divina 106
  Himno de inspiración zoroástrica sobre la tumba
    de Darío 107
Asirios y babilonios 109
  Himno a Shamas 109
  Himno a Ishtar 110
  Poema de la creación del mundo (himno a Marduk) 111
Sumerios y acadios 113
  Invocación a Ningirsu para la santificación del
    templo 113
  Súplica del rey Lugalzaggisi 114

Oración del príncipe Gudea 114
Invocación a los dioses de la noche 115
Súplica del pecador para aplacar a la deidad 115

CUARTA PARTE — Manifestaciones religiosas de
    Egipto, Grecia y Roma 117
    Antiguo Egipto 119
    Himno al Sol 119
    El alma en el día del juicio 121
    Himno a Amón 121
    Himno a Amón Ra 123
    Himno a Akhtoes II 125
    Inscripción sepulcral 126
    Justificación del alma ante el juez eterno 128
    Recomendaciones de Anii a su hijo 129
Grecia y Roma 131
    Himno de Cleantes a Zeus 131
    Cántico a Zeus 132
    Himno a Poseidón 133
    A la madre de los dioses (himno órfico) 133
    A las nubes (himno órfico) 134
    A Higieia 135
    A Helios, Rey 135

QUINTA PARTE — Espíritu religioso de la América precolombina 137
Aztecas 139
    Himno a la fiesta de acción de gracias por las cosechas 139
    Rito del baño del recién nacido 140
La religión maya 143

SEXTA PARTE — Judaísmo. 145
Antiguo Testamento 147
    Oración de Isaías. 147
    La misión de Jeremías 149
    Oración de Azarías en el horno 150
    Algunos salmos 153
    Endecha de David que cantó al Señor con ocasión
        de Cus, benjaminita 153
Liturgia israelita 163
    Proclamación de la majestad de Dios. 163
    Proclamación de la unidad de Dios 163
    Oración de santificación 164
    Extracto de las 18 bendiciones 164
    Al levantarse. 166
    Oración de la mañana 166
    Oración de la noche 167
    Al acostarse 167
    Oración del sábado 167
    Extracto de la liturgia de bodas 168
    Inhumación del muerto 169
    Bendición Virmat kol-hay 170
    Himno místico 172

SÉPTIMA PARTE — Islamismo 173
El Islam 175
    Invocación del Corán 175
    Profesión de fe del musulmán 176
    Llamada de los almuecines a la oración 177
    Plegaria para obtener la entrada en el Paraíso . . . 177
    El Credo del Islam 177

Místicos musulmanes (sufismo) 179
    El amor divino del sufí 179
    Perdóname, Dios mío 179
    La experiencia mística. 181
    La evolución mística. 182
    Abandono místico 183
    Amor a Dios. 183
    El amor es mi religión 184

OCTAVA PARTE — Cristianismo 187

Las oraciones del Nuevo Testamento. 189
    Oración del Señor 189
    Primeros himnos. 191
Primeros cristianos o comunidad apostólica 195
    Hechos de los Apóstoles 195
    Fragmentos teológico-oracionales de san Pablo . . 196
    Apocalipsis 201
Santos Padres. 203
    Plegaria universal de san Clemente 203
    Plegaria de san Ignacio de Antioquía 207
    Oraciones litúrgicas eucarísticas. 216
    Plegaria de san Policarpo de Esmirna en la hoguera 210
    Plegaria a Dios de san Ireneo de Lyon 211
    Oración al Espíritu Santo. 212
    Himno a Cristo Salvador de san Clemente de Alejandría 213
    Plegaria de Orígenes. 216
    Himno a la luz del Padre Jesucristo. 216
    Oración de san Agustín 217
    Oración de los mártires de Prudencio 219

Liturgia cristiana primitiva 223
   Gloria. 223
   Plegaria eucarística. 224
   Te Deum 226
Monaquismo 229
Primeros heterodoxos 231
   Oración de alabanza 231
   Plegaria a la Cruz 231
   Oración de los mártires 232
   Loa a los mártires 233
   Oración litúrgica de acción de gracias 233
   Oración para después de la homilía 234
   Acción de gracias para después de la Eucaristía . . 235
   Oración por los pastores de los fieles 236
Gnósticos 237
Maniqueísmo 239
Liturgia mozárabe 241
   Himno al Creador 241
   Himno de completas 242
Piedad medieval 243
   San Bernardo 243
   San Anselmo 243
      Oración a santa María 243
      Oración a la santa Cruz 245
   Stabat Mater 247
   Cántico al hermano Sol 247
   Plegaria a la Eucaristía, de san Buenaventura 249
   Plegaria de santo Tomás de Aquino 250
   Lauda Sion Salvatorem 251
   Adoro te devote 253
   Invocación a la Virgen, de Dante Alighieri 254

    Ramón Llull 255
        Invocación a las virtudes de Dios 255
        Invocación a Jesucristo 257
        Plegaria de Tomás de Kempis 259
        El porqué de la Encarnación y de la Pasión 261
    Balduino de Canterbury 263
        Plegaria para la unión fraterna 263
Espiritualidad española 267
    Gozos de Santa María, del Arcipreste de Hita . . . 267
    Villancico de Juan del Encina 268
    Soneto a Cristo Crucificado 269
    Oblación de san Ignacio de Loyola 270
    Oraciones de santa Teresa 271
    Cántico espiritual de san Juan de la Cruz 273
    En la Ascensión, de Fray Luis de León 275
    Plegaria-meditación, de Fray Luis de Granada . . . 276
    Soneto de Lope de Vega 277
Liturgia de la Iglesia Luterana 279
    Oración para la comunión 279
    Al Dios todopoderoso y eterno 280
    De la liturgia para funerales 281
Liturgia de la Iglesia Protestante Episcopal 283
    Colecta por la paz 283
    Oración por toda la humanidad 283
Liturgia de la Iglesia Reformada 285
    Para pedir el perdón de los pecados 285
    Oración de intercesión 286
Liturgia de la Iglesia Evangélica Valdense 287
    Plegaria de adoración y agradecimiento 287
Liturgia de la Comunidad monástica de Taizé 289
    Plegaria del Oficio de Navidad 289

Oficio por la unidad de los cristianos. 290
Liturgia de la Iglesia Española Reformada Episcopal . 293
    Oración de la Cena del Señor 293
    Del Oficio para la Pascua o Resurrección de Jesucristo 294
Anglicanismo 297
    Fragmento de una oración matinal 297
Liturgia de la Iglesia metodista 299
    Acción de gracias. 299
Espiritualidad moderna. 301
    Plegaria de Silesius. 301
    Plegaria de Fenelón 302
El espíritu de nuestro tiempo 303
    Canto espiritual, de Joan Maragall 303
    Plegaria del Padre Pierre Teilhard de Chardin . . . 304
    Plegaria de L. J. Lebret 305
    Plegaria de Emmanuel Mounier. 305
    Oración de la maestra, de Gabriela Mistral 306
    Oración del Job moderno. 307
    Plegaria de un militante. 307
    Oración de petición 308
    Acto de caridad. 310
    Plegaria del papa Juan XXIII. 310
    Plegaria de un enfermo muy grave 311
    De profundis 312
    Última plegaria de Gandhi 313
    Invocación. 314
    Plegaria de paz 315
    Oración para pedir la fe. 317
    Plegaria de Soljenitsin. 319

Prólogo

Me impresionó vivamente. Goethe, áulico de mundo y corte, peregrino fausto en pos de una perenne juventud, llora el final de sus días. «¡Soledad, sólo tú no me has abandonado!» El poeta alemán llora.

La soledad, la íntima nada de nuestras relaciones sociales, nos acompaña hambrienta de plenitud y sentido. La medida de un hombre, se ha escrito, queda tasada en la capacidad de silencio, y ¿quién dialoga con el silencio?

Este libro, precisamente, es un diálogo con el silencio. No se busque en él una solución utilitarista y de emergencia, de pura anécdota religiosa o antropológica. Es algo más hondo que un mero elenco de efluvios piadosos en todos los países y en todos los tiempos. Es como la tensión del arco que apunta una diana invisible. Y sin embargo ballesta y filamento se estiran más y más.

El arco, ballesta y filamento, es la humanidad. El silencio, la diana invisible, es la trascendencia, Dios.

Sobre mi mesa tengo un libro de Edith Stein, *En busca de Dios*. Y me imagino a aquella hebrea, con la severa birreta de doctor, rastrear en su meditar una diana invisible. No mendiga mercedes, no pide favores; se busca a sí misma, inquiere la razón de su existencia, de su ser, de su penar, de su aridez judía. Se quiere a sí misma.

Encuentra a Dios. Otros caminos han sido más llanos. Pero no por eso menos auténticos y ciertos. Desde su amanecer histórico, el *homo sapiens* ha rendido culto a la divinidad. Ha reconocido en ella la tierra que lo alimenta, el sol que lo vivifica, el puerto anhelado de su singladura.

Unas manifestaciones, unas oraciones, son broncas y elementales. Otras, sin rebuscamiento, sencillamente, de más fuste teológico. Estas no sólo reconocen a Dios, sino que esa misma noción les obliga a mayor vuelo y entrega.

Un libro de oraciones, pues, hoy más que nunca. Un libro de silencio, de encerrarnos en la soledad y llamar a nuestra misma puerta. Un libro, como decían los maestros de antaño, de vida interior. Vivir se vive de muchas maneras. En todas ellas quisiera un poco de reflexión en el silencio. Tal vez, piadosamente, se me dé oír su voz.

José M.ª Valderas

Introducción

> *La pregunta impertinente, por no resuelta, que acecha tras cualquier avance científico, biológico o técnico en torno al hombre y al cosmos que le abriga, se repite desde que el hombre empezó a cuestionarse sobre sí mismo, ¿quién dirige mis pasos? ¿quién ha preparado cuidadosamente, detalladamente, este mundo en que me es dado vivir?*

A la pregunta de Poncio Pilato: ¿Qué es la verdad?, el hombre ha intentado su respuesta por el camino de la ciencia. Personalmente, yo creo en la victoria última de la verdad. Yo creo que, en la medida en que más desentrañemos los secretos de la naturaleza, no sólo convergeremos hacia descubrimientos científicos universalmente aceptados, sino también a un conjunto de reglas y modelos de comportamiento humano universalmente aceptados.

Los materialistas del siglo XIX y los marxistas, sus actuales herederos, afirman que el pujante conocimiento científico de la creación permite hacer caso omiso de la fe en un Creador. No obstante, hasta ahora, toda nueva respuesta ha inducido a nuevos planteamientos. Cuanto mejor comprendamos la complejidad de la estructura atómica, la naturaleza de la vida o la marcha de las galaxias, mayores razones hallaremos para maravillarnos ante los resplandores de la creación divina.

Nuestra necesidad de Dios no está fundada sólo sobre el temor. El hombre necesita la fe como necesita el pan, el agua o el aire.

Con toda la ciencia del mundo, tenemos necesidad de creer en Dios, una vez conocida la limitada potencia de nosotros mismos.

<small>Wernher von Braun, Subdirector adjunto de la NASA.</small>

> *Sin embargo, el reconocimiento de lo divino es fruto de una gracia especial de Dios. Como una gentileza espontáneamente gratuita sin que el hombre hubiera tenido arte ni parte. Aunque esto es verdad sólo hasta cierto punto. Dentro de nosotros existe como una obligada preparación a lo trascendente, por la escueta razón de vivir plenamente nuestra vida y nuestro quehacer. En tanto vivimos, en tanto dependemos de alguien que nos arroja y empuja a vivir. Aunque no suele ser el camino de la deducción el que nos eleva por su mano al sentido de la postración y la alabanza.*

Grande eres, Señor, y sobre manera laudable; grande es tu poder, y tu sabiduría no tiene límites. ¿Y pretende alabarte el hombre, pequeña parte de tu creación, y precisamente el hombre, que, revestido de su mortalidad, lleva consigo el testimonio de su pecado y el testimonio de que resistes a los soberbios? Con todo, quiere alabarte el hombre, pequeña parte de tu creación. Tú mismo le excitas a ello, haciendo que se deleite en alabarte, porque nos has hecho para ti y nuestro corazón está inquieto hasta que descanse en ti.

Dame, Señor, a conocer y entender qué es primero, si invocarte o alabarte, o si es antes conocerte que invocarte.

Mas, ¿quién habrá que te invoque si antes no te conoce? Porque, no conociéndote, fácilmente podrá invocar una cosa por otra. ¿Acaso, más bien, no habrás de ser invocado para ser conocido? Pero ¿cómo invocarán a aquel en quien no han creído? ¿Y cómo creerán si no se les predica?

Ciertamente, alabarán al Señor los que le buscan, porque los que le buscan le hallan y los que le hallan le alabarán.

Que yo, Señor, te busque invocándote y te invoque creyendo en ti, pues me has sido ya predicado. Invócate, Señor, mi fe la fe que tú me diste e inspirasteis por la humanidad de tu Hijo y el misterio de tu predicado.

San Agustín, *Confesiones,* libro I, capítulo 1.º.

> *Orar es tener conciencia inmediata de nuestra religión divina. Es adentrarse firmemente en la sutilidad de lo perenne y eterno para encarnarlo, para asumirlo, en ese fugaz instante que enhebra continuamente nuestra vida. Por ello, la primera manifestación del orante es el reconocimiento de Dios en cada momento y en cada actividad. Reconocer es repetición enfática de conocer.*

En virtud de la creación, y aún más de la encarnación, nada es profano en la tierra para quien sabe ver. Por el contrario, todo es sagrado para quien distingue, en cada criatura, la parcela de ser elegido sometida a la atracción de Cristo en vías de consumación. Reconoced, con ayuda de Dios, la conexión, incluso físico y sobrenatural, que enlaza vuestro trabajo con la edificación del reino celeste. Ojalá llegue el tiempo en que los hombres, capacitados para captar el sentido de ligazón estrecha que asocia entre sí todos los movimientos de este mundo en el único trabajo de la encarnación, no puedan ya entregarse a ninguna de sus tareas sin iluminarlas con la visión precisa de que su trabajo, por elemental que sea, es recibido y utilizado por un centro divino del universo... Sentir la atracción de Dios, ser sensible a sus encantos, a la consistencia y a la unidad final del ser, es la más elevada y, a la vez, la más completa de nuestras pasividades de crecimiento.

Teilhard de Chardin, *El medio divino*.

No basta, pues, una vaga e imprecisa aceptación de Dios. Como tampoco es suficiente el mero adentrarse en el misterio de nosotros mismos y reconocer esta limitación o aquella impotencia. Orar significa avanzar por el desierto, la soledad y el silencio de la fe, en la esperanza expectante de una consumación y ventura plena de amor ardiente a Dios y a mi hermano. Nada más lejano al genuino sentido de la oración que el ser paliativo o subterfugio de un temor enfermizo, de una alienación no superada, de una cobardía moral o biológica. Nada más ajeno a ella que ser el halo gangoso de la antesala del mito. El mordiente de la verdad es lo único que libera. El intento de hallarla en su plenitud se torna en el quehacer más honesto y humano.

PRIMERA PARTE

Las primeras manifestaciones religiosas

Los pueblos primitivos

Pigmeos

A Khmvum (consagrando las armas)

Para los pigmeos, el dios supremo es el Ser Creador —Khmvum—, que se manifiesta a los hombres por medio del arco iris y en forma de elefante. Dios se revela únicamente en sueños. Su voz es el trueno. El sol se encuentra en una posición subordinada respecto del Ser Supremo; la Luna, la antigua Madre divina, es inferior al Sol. El Ser Supremo reside en el seno del *megbe*, una especie de la alma-sombra esparcida por todas partes, esencia invisible de las cosas, de modo que es la materia dinámica constituida por los seres, la fuerza omnipotente de la que el mundo visible es el reflejo.

Oh Khmvum, oh Khmvum, tú eres el Creador,
tú eres el Señor de todo,
el Señor de la selva, el Señor de las cosas,
el Señor de los hombres, oh Khmvum;
y nosotros, pequeños, somos tus súbditos.
Oh Khmvum, Señor de la vida y de la muerte,
manda y te obedeceremos.

A la Luna

¡Oh, Luna, madre Luna!
Madre de las cosas vivientes,

escucha nuestra voz, ¡oh, madre Luna!
escucha nuestra voz, ¡oh madre Luna!
¡Oh, madre Luna, madre Luna!

CANTO DEL ARCO IRIS

>Cuando Khwa, el Arco Iris, aparece por el oriente después de una violenta tormenta, el pigmeo abandona el trabajo; levanta su arco; lo tensa en la misma línea del arco iris y entona el siguiente canto:

¡Arco iris, arco iris!
Tú que resplandeces en lo alto,
sobre la selva inmensa,
entre las negras nubes,
dividiendo el profundo cielo.
Tú, el vencedor,
has hecho enmudecer al trueno que rugía,
que rugía con estruendo,
irritado, entre negras nubes,
dividiendo el negro cielo,
rodeado de negra nubes,
como el cuchillo que parte el fruto maduro.
¡Arco iris, arco iris!
El Trueno que mata a los hombres ha huido,
como el antílope ante la pantera.
¡Arco iris, arco iris!,
arco potente del cazador de lo alto,
que hostiga el rebaño de las nubes,
que huyen cual manada de elefantes despavoridos,
arco iris, dale gracias por nosotros.

Dile que no esté irritado,
dile que no se enoje,
dile que no nos mate,
porque nosotros tenemos miedo, mucho miedo.
¡Díselo, arco iris!

OFRENDA (AL ARCO IRIS) DEL PRIMER ANIMAL ABATIDO

Para ti aparto esta pieza,
porque es a ti a quien pertenece,
a ti sólo.
Para ti la aparto,
no vuelvas a otro lado la cabeza,
dirige hacia mí tus ojos.
Esta es mi ofrenda.

POR EL NACIMIENTO DE UN NIÑO

A ti, Creador, a ti, el Potente,
consagro esta nueva planta,
fruto nuevo del árbol antiguo.
Tú eres el Señor y nosotros tus hijos.
A ti, el Creador, a ti, el Poderoso,
Khmvum, ofrezco este nuevo fruto
del árbol antiguo.

CANTO FÚNEBRE

Khmvum, Khmvum, nosotros te llamamos.
Aquí abajo el frío, ahí arriba la luz.
El animal nace, vive y muere,

y viene el gran frío,
el gran frío negro de la noche.
El pájaro nace, vuela y muere,
y viene el gran frío,
el gran frío negro de la noche.
El pez nace, se escurre y muere.
y viene entonces el gran frío negro.
El hombre nace, come, duerme y pasa,
y viene el gran frío negro de la noche.
El cielo brilla, pero los ojos están cerrados.
Las estrellas resplandecen.
Aquí abajo el frío, ahí arriba la luz.
El hombre ha pasado al más allá, y es libre y prisionero,
La sombra se ha esfumado,
la sombra se ha esfumado.
¡Khmvum, Khmvum, nosotros te llamamos!

Fang

INVOCACIÓN DE LOS HECHICEROS FANG
DE LA SELVA ECUATORIAL

¡Oh, tú, Espíritu de la fuerza viril,
que mandas la fuerza!
Tú, que todo lo puedes,
sin ti yo nada puedo.
Yo que estoy consagrado a ti, Espíritu,
recibo de ti fuerza y poder, porque tú me los das.
Yo te llamo, Espíritu de la fuerza,

escucha mi canto;
¡ven, ven, ven!
¡Ven, porque yo soy tuyo!
¡Porque te he dado lo que has pedido,
y he consumado el sacrificio, oh Espíritu,
el sacrificio en la selva!
Espíritu, yo soy tuyo y tú eres mío. ¡Ven!

Wapokomo del Lago Tana

INVOCACIONES

¡Oh Dios, danos la paz!
Danos la tranquilidad
y que venga la fortuna,
muera quien embruja nuestra aldea
y lanza contra nosotros maldiciones.
También te pedimos peces.

¡Oh Dios, danos la lluvia!
Estamos en la miseria,
sufrimos con nuestros hijos;
mándanos las nubes con la lluvia.
Te rogamos, ¡oh Dios padre nuestro!, que nos mandes la lluvia.
A la que está enferma, dale, ¡oh Dios!, paz y salud
a ella y a su aldea, a sus hijos y a su marido.
Que se levante y vaya al trabajo, que atienda a la cocina,
que vuelva a la paz.

Sudaneses

HIMNO DE LOS AKAN (ASHANTI)
AL DIOS ONYAME, EL OMNISCIENTE

El sol fulgura y manda ya su calor;
la luna se levanta en su esplendor;
cae la lluvia y vuelve a lucir el sol.
Pero el ojo de Dios domina todas estas cosas;
nada se le oculta.
Aunque estés en tu casa, en la orilla del río
o a la sombra oscura de los árboles,
Él está en todas partes sobre ti.
Tú crees que puedes abusar de un pobrecillo huérfano,
y te apoderas de sus bienes y lo engañas,
pensando: nadie me ve.
Pero no olvides: tú estás ante los ojos de Dios.
Él te hará purgar tu pecado,
pero no hoy, no hoy, no hoy…

Indios de Norteamérica

PLEGARIAS IROQUESAS

¡Oh, Gran Espíritu que estás en el viento, escúchame!
Déjame contemplar la belleza del alba
y de los ocasos rojos; haz que mis manos maten
solamente lo necesario para vivir.
Haz que yo no sea superior a mis hermanos, y que sepa, si la
[ocasión se presenta,
combatir con valor, incluso contra mí mismo

para que cuando el sol se ponga
pueda cabalgar hacia ti, por las grandes praderas,
sin vergüenza.

Plegaria de la primera cosecha de maíz

Tú, ¡oh, Dios mío!, mi Señor,
Tú, madre mía, Tú, padre mío,
Señor de los montes y los valles.
Ahora, al igual que dentro de tres soles,
comenzaré la recolección del maíz,
ante tu boca, ante tu figura,
Señor de los Montes y Valles.
Muéstramelo, pues, también delante de mi cuerpo
                             [y delante de mi ánima.
Te ofrezco un poco de tu alimento y un poco de tu bebida.
Es casi nada lo que te ofrezco.
Pero tengo muchas y muy bellas cosas
que permiten mi sustento:
eres Tú quien las ha mostrado a mi alma y a mi cuerpo,
Tú, Madre mía, Tú, Padre mío.
Comienzo, pues, hoy mi cosecha,
ante tu boca, ante tu rostro.
¿Quién sabe cuántos soles, cuántos días tardaré en ello?
No hay que tener prisa en buscar las malas hierbas:
yo no lo haré más que lentamente.
¿Quién sabe cuándo podré de nuevo hablarte?,
¡oh, Padre mío; oh, Madre mía!
¡Ángel, Señor de los Montes y Valles!
Pero volveré a rogarte:
¿Por qué no he de hacerlo, oh, Dios mío?

Bhil

Oración de la mañana, de los bhil

> Los bhil, habitantes del noroeste de la India central, se consideran uno de los pueblos que conservan más rasgos antiguos y en su pensamiento religioso mayor número de elementos primitivos.

Oh Dios, oh gran Señor,
tú nos has formado,
haznos felices.
¡Oh dador de los cereales!,
sé hoy bueno conmigo.
No permitas que me sorprenda ningún mal.
No permitas que yo dañe en ninguna manera al prójimo.
Y no nos mantengas alejados del cereal y del abrigo.
Oh dador de los cereales,
sé hoy bueno para con el mundo
y, de este modo, también conmigo.

SEGUNDA PARTE

Grandes religiones orientales

India

Plegarias de los antiguos hindúes

En la lejana prehistoria de la India, al igual que en toda Eurasia, estaba difundido el culto a la Madre Tierra, según se desprende de documentos tenidos por antiquísimos. Incluso en las múltiples divinidades de la época histórica se manifiesta el culto a una antigua divinidad absoluta, generadora sin esposo.

Los textos más antiguos son presentados por la tradición como dos *Vedas*: el *Rg* y el *Atharva*, considerados, como dice la palabra *veda*, «fuente de toda verdad y sabiduría». El *Rg Veda* es el texto sagrado por excelencia. El *Atharva Veda* es el libro de los hechiceros. Los himnos y fórmulas mágicas que contienen fueron clasificados por los brahmanes (sacerdotes) en épocas muy posteriores.

Presentamos aquí el himno del *Rg Veda* (Libro X, 121) al Dios Único, creador del universo. Los otros dioses son divinidades celestes (no Dios en el sentido judeo-cristiano).

A Ka (al Dios desconocido)

En un principio surgió Hiranyyagarbha (germen de oro), y apenas nacido fue ya el único Señor de todo cuanto existe. ¿A qué Dios haremos nuestra ofrenda para adorarlo?

Aquel que nos da ánimo y vigor; Aquel cuyas órdenes acatan todos los dioses.

Aquel que es Señor de la inmortalidad y de la muerte, que de él nos vienen como la sombra de un cuerpo. ¿A qué Dios haremos nuestra ofrenda para adorarlo?

Aquel que es único Rector de todo cuanto en el mundo respira, y en el sueño reposa; Aquel que es Señor de bípedos y cuadrúpedos. ¿A qué Dios haremos la ofrenda para adorarlo?

Aquel que con su poder soberano modeló estas montañas cubiertas de nieve y el mar y Rasa, cuyos dos brazos son los puntos cardinales. ¿A qué Dios haremos la ofrenda para adorarlo?

Él es quien mantiene la tierra sólida y los cielos tan estables; Él, quien gobierna la luz (o el Sol) y la bóveda celeste; Él, quien dispuso la atmósfera en el espacio intermedio. ¿A qué Dios haremos la ofrenda para adorarlo?

Aquel a quien las dos hileras sostenidas por su protección observan temblorosas, y sobre el que resplandece el Sol cuando este sale. ¿A qué Dios haremos la ofrenda para adorarlo?

Cuando llegaron las grandes aguas que llevaban consigo el germen que dio origen a Agni (el que aviva el fuego de los sacrificios), de allí surgió el espíritu de Dios, el único espíritu vital de los dioses. ¿A qué Dios haremos la ofrenda para adorarlo?

Aquel que con su poder soberano abrazó las aguas, en quien tiene su sede la capacidad creadora, generando las aguas el sacrificio. Él es el único Dios entre los dioses. ¿A qué Dios haremos la ofrenda para adorarlo?

Él, que ha creado la tierra; cuyas leyes son justas; que es padre del cielo y que ha generado las aguas resplandecientes, que no nos haga nunca daño. ¿A qué Dios haremos la ofrenda para adorarlo?

¡Oh, Prajapati! (señor de la generación). Tan sólo Tú comprendes estas cosas generadas. Lo que deseamos lo sacrificamos a Ti, a fin de que Tú nos lo devuelvas. Concédenos grandes riquezas.

Himnos del Atharva Veda

EN LAS CEREMONIAS NUPCIALES

    Verso recitado por el esposo a la esposa:

Nuestros ojos son dulces como la miel; nuestros rostros resplandecen como el bálsamo. Ponme en tu corazón. Que nuestros pensamientos queden unidos.

    Verso recitado por la esposa al esposo:

Te envuelvo en el traje confeccionado por Manu, para que seas solamente mío y no pienses en otras mujeres.

    Del himno nupcial:

Yo soy él, tú eres ella; yo soy el canto, tú la estrofa; yo el cielo, tú la tierra. Aquí debemos unirnos y engendrar nuestra prole.

CUANDO LE SALEN AL HIJO EL PRIMER PAR DE DIENTES:

Los dos tigres que despuntan, que quieren devorar al padre y a la madre, los dientes, ¡oh, Brahamaspati! (señor de la esencia brahamán, principio neutro, universal), hazlos propicios.

Comed arroz, comed cebada y habas y sésamo. Esta es vuestra parte, depositada para acumular riquezas (para vosotros), oh dientes. No hagáis nunca daño al padre ni a la madre.

Han sido invocados los dos dientes unidos, gentiles, de buen augurio. Pasad a otra parte, ¡oh dientes!, aquello que de vuestra naturaleza es terrible. No hagáis daño al padre ni a la madre.

A ADITI[1]

> Himno que se recita con motivo del matrimonio, en la preparación del fuego familiar, para obtener un objeto determinado o en el ansia de felicidad.

Aditi es el cielo,
Aditi es la atmósfera;
Aditi es la madre,
es el padre, es el hijo;
Aditi es todos los dioses, las Cinco Razas (tribus indoeuro-
[peas o arias);
Aditi es lo que nació,
Aditi es lo que nacerá.

Para que nos dé su protección
invocamos a Aditi,
la madre de los de conducta buena,
la esposa del orden,
la de poderosa autoridad.

1. Tola, Fernando: *Himnos del Atharva Veda*, págs. 120-121, Editorial Sudamericana, Buenos Aires, 1968.

la que jamás envejece,
la de extendido ámbito,
la que concede protección segura
y es guía buena.

Exaltación a la Viraj[1]

> Himno dedicado a exaltar a la Viraj, el primer principio, femenino y creador. El canto narra sus transmigraciones y metamorfosis. Da importancia al sacrificio.

La Viraj era todo en el comienzo. Cuando nació, todo tuvo miedo de ella pensando: «es ella la que se va a convertir en esto».

Ella subió, ella bajó al fuego familiar (Garhapatya). Aquel que sabe esto se convierte en un hombre piadoso (grihamedhin), en un jefe de familia (grihapati).

Ella subió, ella bajó al fuego de la ofrenda (ahavaniya). Los dioses acuden al llamado (devahuti) de Aquel que sabe esto y Él mismo se convierte en un hombre amado por los dioses.

Ella subió, ella bajó al fuego del sur (dakshinagni). Aquel que sabe esto se convierte en un hombre apto para el sacrificio, apto para recibir presentes (daskshiniya), apto para ser hospedado.

---

1. Tola, Fernando: *Himnos del Atharva Veda*, páginas 126-133, Editorial Sudamericana, Buenos Aires, 1968.

Ella subió, ella bajó a la asamblea, y Él mismo se convierte en un hombre apto para la asamblea.

Ella subió, ella bajó a la reunión. Las gentes van a la reunión del que sabe esto, y Él mismo se convierte en un hombre apto para la reunión.

Ella subió, ella bajó a la deliberación. Las gentes van a la deliberación del que sabe esto, y Él mismo es un hombre apto para la deliberación.

Exaltación al Sol[1]

Sube al cielo
sobre el dorso del firmamento,
mirando hacia abajo;
es el Impulsor.

Envuelto en luz,
sube hacia el cielo
que sus rayos inundan;
es el poderoso Indra.

Es el Creador, es el Ordenador,
es Vayu, es el elevado cielo.
Envuelto en luz.

1. Tola, Fernando: *Himnos del Atharva Veda*, págs. 177-188, Editorial Sudamericana, Buenos Aires, 1968.

Es Aryman, es Varuna,
es Rudra, es el Gran Dios.
Envuelto en luz.

Es Agni, es Surya,
es el poderoso Yama.
Envuelto en luz.

Agrupados,
con el rostro hacia el mismo lugar dirigido,
sus hijos lo acompañan,
envuelto en luz.

Tras él
se difunden por doquiera,
cuando surge
y cuando brilla en todo su esplendor.
Envuelto en luz.

La tropa de Maruts le pertenece.
Avanza, en el aire suspendido.
Envuelto en luz.

Suyas son las nueve copas
y las columnas, de nueve en nueve colocadas.

Vela por los seres,
los que respiran y los que no respiran.

En él se estableció el poder.
Es uno, único;
en verdad es uno.
Los dioses en él se tornan en uno.

De los sudras
(textos teológicos)

CEREMONIA DEL BAÑO DE UN MUCHACHO

De enfermedades crónicas, de estragos y engaños, de la cadena de Varuna, yo te libro. Te hago inocente ante el Brahmán.

El cielo y la tierra te están agradecidos. Que Agni, junto con las aguas, te traiga la felicidad suprema. Que el cielo y la tierra, junto con la hierba, el aire y el viento, te traigan la felicidad.

Que las cuatro direcciones del cielo te traigan la felicidad.

Justamente los dioses han librado al sol de la oscuridad y de los demonios que atenazan; lo han eximido de toda culpa. Igual libro yo a este niño de enfermedades crónicas, de maldiciones que caigan sobre su raza, de la cadena de Varuna.

Del Bhagavad Gita
(canto del Bienaventurado)

PLEGARIA DE ARJUNA

>Capitulo X del Bhagavad Gita, poema didascálico religioso moral. En el capítulo X, escrito para el guerrero Arjiuna Visnú,

bajo la forma de auriga suyo, le conseja dándole como normas de vida las obras, el conocimiento y la devoción. La vida moral culmina en el reconocimiento de la unidad de todos los seres y en la superación del egoísmo.

En verdad que Tú eres el Señor Supremo, Parabrahaman, superior incluso al gran Brahmán. Los dioses, los santos, los ángeles y las ánimas santas. Te reconocen como la morada suprema, el Eterno supremo, el Uno infinito y puro, el Ser absoluto, omnipotente y omnisciente, y ahora me has revelado a mí esta verdad. Y yo te veo en tu plenitud y sin reserva, ¡oh, bienaventurado Señor de todo!

Tu presente manifestación en la carne, el grandioso misterio de tu presencia en forma terrena, no es comprendida por los demás dioses ni por los ángeles, ni por las grandes almas de todos los mundos. Sólo Tú te comprendes a ti mismo. Tú, fuente de vida; Tú, supremo Señor de todo el universo de los universos; Dios de dioses; Maestro y Regulador de todo lo que es, lo que ha sido y lo que será; sin principio y sin fin; sin límites por ninguna parte. ¡Tú eres esto e infinitamente más, ¡oh, Bienaventurado!

Yo, tu indigno discípulo, te suplico me digas por qué maravilloso poder has invadido todo el universo, y ello no obstante permaneces Tú. ¿Cómo podré conocerte, aunque constantemente te adore? ¿Cómo podré pensar en ti, Señor, si no conozco tu propia forma? Dame a conocer plenamente, te lo ruego, tus poderes y las formas como te manifiestas, y háblame de tus distinciones y de tus gloriosos atributos, porque, en verdad, tengo sed de conocerlos, como se puede tener sed de agua pura. En realidad, tus palabras son para mí como las aguas cristalinas que satisfacen la sed de aquel a quien ha sido negado el refrigerio durante muchos días. Concédeme el sumo bien de tu palabra, ¡oh, Señor!

Hinduismo

El hinduismo es un conjunto de religiones que se estratifican unas sobre otras, en el sentido de que las antiguas forman la base de las nuevas, sin ser destruidas por estas, y todas conviven, como las ramas de un árbol único, hasta nuestros días: la religión védica, el ritualismo brahmánico, la mística de la *Upanishad,* la técnica del yoga, las doctrinas jainista y budista de la salvación, todas ellas han entrado a formar parte del hinduismo, que no constituye una organización religiosa unitaria, sino una multiplicación de castas, sectas, sistemas y personalidades individuales.

Los místicos Bhakti

El *Bhagavatam* es considerado como la Biblia de los fieles de Visnú-Krisna, y fue fijado por escrito hacia el año 550 d. de C., siendo traducido en seguida del sánscrito a las diversas lenguas índicas. Es el «libro que más se acerca al corazón de más de 200 millones de indios, amado profundamente, tanto por los sabios como por los analfabetos, que conocen a fondo las historias del mismo» (W. Eidlitz).

El texto es de tendencia estrictamente monoteísta. Visnú es el único dios, el creador, el redentor y el perfeccionador, aunque se revela en innumerables figuras en las que el dios explica de todas las maneras su amor y su alegría eterna.

El lenguaje de esta mística del amor es la plegaria, que no tiene otro objeto fuera de Dios mismo y de la inseparable comunión con él:

No quiero el poder sobre el mundo entero,
ni el dominio del mundo de los infiernos,

resplandeciente de tesoros,
ni siquiera la redención,
ni el no renacer de quienes han sido enteramente liberados,
nada deseo, ¡oh, Dios!,
que pueda alejarme de ti.

Bhagavatam, 6, 11, 25.

Alabanzas

Quien, lo que y como yo venga a ser en mi cuerpo,
mi espíritu y cualidades, sea lo que sea,
lo tomo hoy y lo pongo a tus pies,
¡oh, Señor! Todo lo que es mío ¡oh Señor!
y lo que soy yo mismo, todo esto debe pertenecer
a ti, ¡oh, Madhava!

Yamuna Muni.

Loas al amor de Visnú

Tú eres mi madre; yo, niño de pecho, tu hijo;
yo soy el ternero cerca de ti, madre vaca;
no me niegues tu leche.
Yo soy el cabritillo, tú eres la madre cabra;
quítame, pues, los lazos de este mundo.
¡Oh, ave materna, yo formo parte de tu nidada!
Vuela, pues, y tráeme alimento.

¡Oh, amado de mi corazón, escúchame! Tu Namache habla:
por todas partes haces seguro mi camino.

Nam Dev de Maratha (1270-1350).

LA PRESENCIA DE VISNÚ

De Dios hago mi comida y mi bebida,
Dios es mi lecho, en el que me tiendo,
Dios es todo lo que doy y todo lo que tomo.
Yo estoy en continua comunicación con Dios.
Porque Dios es el que es y Dios está allí,
y no existe lugar alguno donde Él no se encuentre.

Nam Dev de Maratha.

AMOR POR EL GÉNERO HUMANO

Existe un hombre que dice de todos,
ya le causen dolor, ya le den alegría:
«¿Son todos estos míos?»

Este es el santo, fíjate bien en este signo,
porque Dios habita en él. El corazón del bueno
es el más tierno de los corazones humanos.

Si alguien se ve abandonado y atormentado,
aunque se trate de un esclavo o de su hijo,
a todos hace objeto por igual de su misericordia,
a todos da en igual medida su amor.

Cuántas veces debo repetirte esta palabra:
este hombre es la imagen de Dios mismo.

Tukaram de Maratha (1608-1649). De F. Heiler.

LAS PLEGARIAS DE KABIR

Como consecuencia de las conquistas musulmanas, el hinduismo quedó influenciado por el islamismo, siendo especialmente notable el influjo que sufrió la religión bhakti. Ramananda (siglo XV) predicó esta religión en todos los dialectos populares, y encontró adeptos en todas las castas. Su comunidad cuenta todavía con numerosos seguidores.

Un discípulo suyo, Kabir (1440-1518), hindú de nombre musulmán, se convirtió en asceta mendicante, y predicó la igualdad de todos los seres creados y la adoración de un Dios único por todos, sin imágenes. Criticó las formas más bajas de la religión vulgar hinduista. Aunque fue casi analfabeto, sus poemas místicos son tenidos en alta consideración por todos los hindúes, y la comunidad Kabir-panthi, por él fundada, existe todavía en nuestros días.

¿Cómo podrá romperse el vínculo que nos une?
Tú, dueño mío, y yo tu siervo,
como el loto es siervo del agua,
y la marea del claro de luna,
que contempla toda la noche.

Siempre, del principio al fin,
ha habido amor entre tú y yo.
¿Y cómo, entonces, puede este amor cesar
de ser en el tiempo?
Dice Kabir: igual que el río se sume en el océano,
se sume mi mente en ti.

La luna refulge en mi cuerpo,
pero mis ojos no pueden verla:
la luna está en mí, y el sol.
La sinfonía de la eternidad nunca
se difunde en mí,
pero mis oídos sordos no pueden oírla.
Mientras el hombre viva en nombre del «yo» y el «mío»,
sus obras no tendrán valor alguno:
sólo con la renuncia al «yo» y al «mío»
se cumple la obra del Señor.
Esta obra no tiene otro fin
que la conquista del conocimiento:
cuando se ha llegado al conocimiento,
trabajar no tiene ya objeto.
La flor brota para dar fruto:
cuando este nace, la flor se marchita.
El almizcle está en el gamo,
pero este no lo busca en sí:
vaga hurgando en la hierba.

De Kabir, *Poesías de Kabir.*

Budismo

Bajo la palabra budismo se incluye todo el sistema religioso derivado de Gautama Buda y de sus seguidores. Cerca de cuatrocientos millones de fieles siguen esta religión.
El budismo nació en la India hacia el año 600 a. de C. Su fundador fue el príncipe Sidharta Gautama, del clan de los Sakia, establecido en Kapilavastu, en la India septentrional, no muy lejos de la frontera con el Nepal. A partir de su iluminación recibe el nombre de Budha «el iluminado». Bajo el famoso árbol Bo alcanzó Buda la iluminación que le hizo ver claramente la causa de la vida fenoménica y del dolor que la acompaña, y que el camino para liberarse de ella consistía en liberarse de la ignorancia y conseguir aniquilar el deseo. Sólo así se logra romper la esclavitud del *samsara* (la rueda de la vida o el ciclo de la existencia) y alcanzar el *nirvana* (la paz). Al librarse Buda del *samsara* consiguió en esta tierra el *nirvana* y se libró de las cadenas de los renacimientos.
Entonces Buda empezó a predicar entre los hombres y fundó la escuela de la liberación o emancipación que se desarrolla en la religión y en el templo budista.

Himno al Bodhisattva

A ti no puede detenerte ningún obstáculo, Tú tienes superioridad sobre el mundo entero, ¡oh, Muni!, Tú ocupas todo lo cognoscible mediante tu conocimiento. Tu pensamiento está liberado. ¡Homenaje a ti!

Tú posees la impasibilidad. A ti nada te liga, Tú estás en mística unión *(samadhi).* ¡Homenaje a ti!

Todos los seres, cuando te han visto, reconocen que Tú eres verdaderamente el hombre. Mirándote, todo se torna límpido. ¡Homenaje a ti!

Día y noche velas por el mundo. Tú actúas con gran compasión. No buscas más que la salvación. ¡Homenaje a ti!

Tú has perfeccionado el camino a lo trascendente. Tú has salido de toda la tierra; te has convertido en guía de todos los seres; eres el libertador de todos los seres.

Practicando virtudes inagotables e inigualables, te manifiestas en los mundos y en las órbitas celestes, y sin embargo permaneces invisible, tanto a los dioses como a los hombres.

Asanga (siglo VI - Escuela Yogacara).

Ofrenda a Buda

Para alcanzar la joya que es el pensamiento de la Bodhi, tributo homenaje a Buda, a la purísima gema de la buena ley y a los hijos de Buda, océano de méritos espirituales.

Todos los frutos y flores, y las simples,[1] todos los tesoros del universo, las aguas puras y deliciosas, las montañas hechas de preciosas gemas, las encantadoras soledades de los bosques, las lianas con sus deslumbrantes coronas de flores, los árboles de ramas que se doblan bajo el peso de los frutos; los perfumes de los mundos divinos y humanos, los árboles votivos y los árboles de yemas; los lagos adornados de lotos, deleitados por el canto de los cisnes, las plan-

1. Plantas medicinales.

tas silvestres y las plantas cultivadas, y todos los nobles ornamentos esparcidos por la inmensidad del espacio, todas las cosas que no pertenecen a nadie, las tomo yo en espíritu y las ofrezco a los grandes santos y a su Hijo. ¡Que las acepten, ellos que son dignos de las más bellas ofrendas; ellos, los grandes caritativos!

Yo carezco de méritos, soy muy pobre. No tengo nada que ofrendar. Que se dignen los protectores, que sólo se interesan por el bien de los demás, aceptar esta ofrenda por mi salvación, gracias a su poder.

Me entrego yo mismo a los vencedores, todo entero y sin reserva, y me doy a su hijo. Admitidme a vuestro servicio, seres sublimes. Devotamente me hago vuestro esclavo.

Admitido a vuestro servicio, ahora no tengo ya miedo; trabajo por la salvación de los demás seres. Me libro de los antiguos pecados y no cometo pecados nuevos...

Con todas las flores que exhalan deliciosos perfumes, alteas rosadas, lotos azules, jazmines, con artísticas guirnaldas, adoro yo al Buda adorable.

Lo incienso con nubes de incienso que arrebatan el corazón de su delicado y penetrante perfume. En homenaje les ofrezco alimentos suaves y alimentos duros y variadas bebidas.

Ofrezco coronas de gemas engarzadas bajo loto de oro, y por todo el suelo impregnado de perfumes esparzo una capa de fragantes flores.

Ofrezco a estos misericordiosos capillas aéreas, festones de perlas, resplandecientes ornamentos de todos los puntos cardinales, en las que resuenan himnos melodiosos.

Presento a grandes santos altos parasoles de piedras preciosas con mangos de oro, bellos de forma, incrustados de perlas irisadas.

¡Que se eleven ahora las nubes de ofrendas que alegran el corazón, las nubes de cantos y música que atraen a todos los seres!

Del *Bodhicaryavatara* (El Camino hacia la Luz).

Súplica

> Cantideva (siglo VII), autor del *Bodhicaryavatara (Camino hacia la Luz)*, pertenece al budismo mahayanista o «del Gran Vehículo», fundado por Nagarjuna hacia el final del siglo II de nuestra era. El budismo mahayana impone a los creyentes lograr la propia salvación realizando la de los demás.

Con las manos juntas suplico a los Budas de todas las religiones que enciendan la antorcha de la ley para los extraviados que caen en el abismo del dolor.

Después de haber cumplido todos los ritos, pueda yo, en virtud del mérito que he adquirido, ser para todos los seres aquel que calma los dolores.

Todas mis encarnaciones futuras, todos mis bienes, todo el mérito adquirido en el pasado, en el presente, y el que adquiera en el futuro, lo abandono con indiferencia, para que todos los seres alcancen su meta.

Que pueda yo ser el protector de los abandonados, la guía de quienes caminan, y, para quienes desean alcanzar la otra orilla, pueda yo ser la barca, la vía, el puente; ser la lámpara de quienes necesitan lámpara; el lecho de quienes necesitan lecho; el esclavo de quienes necesitan un esclavo;

ser la piedra milagrosa, la urna de la abundancia, la fórmula mágica, la planta que cura, el árbol ugural, la vaca de los deseos.

Hoy, en presencia de todos los santos, invito al mundo al estado de Buda y, en espera de ello, a la felicidad. ¡Que los Dioses, los Asura, todos en fin, se alegren!

Plegaria de Angulimala

Es una de las seis plegarias *(parittas)* compuestas por Buda mismo.

Angulimala era un feroz bandido, así llamado porque llevaba al cuello un collar formado por los dedos cortados a sus víctimas humanas. Buda lo convirtió, tras de lo cual Angulimala vagabundeaba pidiendo limosna por ciudades y aldeas, pero la gente lo reconocía y lo maltrataba. Para defenderse de su odio, recitaba esta plegaria de Buda.

¡Que mis enemigos oigan la Ley tal como me fue expuesta, y al oírla se conviertan en mis aliados para hacer que se cumpla! Que mis enemigos den alimento tan sólo a hombres pacíficos, que tomen a pecho la Santa Ley.

Que mis enemigos oigan de vez en cuando la ley de aquellos que hablan de gentileza y ensalzan el amor, y ajusten sus acciones a lo que oigan.

Porque en verdad que un amigo conseguido de este modo no me haría daño, ni a ninguna otra criatura del mundo. Al contrario, él mismo alcanzaría la paz inefable y, una vez alcanzada, armaría a buenos y a malos.

Exaltación de Siva[1]

Él se reveló y me dio la luz,
y rompió las cadenas que me mantenían cautivo.
Con su gracia calmó los anhelos de mi alma,
y me uní, pues, al grupo de sus siervos.
No alcanzo a comprender este gran milagro de la gracia.
Todo mi ánimo se desata en este deseo violento.
Yo deseo, la corriente del amor rebosa los diques.
Todo mi deseo va dirigido hacia Él,
y yo exclamo ¡Señor!
Temblando en todo el cuerpo balbuceando, adorándolo,
me apodero de su mano, y mi corazón se abre como una flor.
Mis ojos brillan de alegría, y saltan de ellos las lágrimas;
el amor que no tiene límites, ni día, ni noche,
dura sin que se interrumpa.
Como la cera se derrite en el fuego, así mi alma se funde.
Con esta alma mía lo adoro, lloro, me inclino, danzo,
invoco y en voz alta ruego.

De T. Manikka (siglo IX), *Tiruvasagam*.

Al Dios del Amor

¡Qué milagroso es tu amor, oh, Amor!
¡Qué milagroso es tu poder!
¡La noche del mundo me parece día, oh Amor,
y el pleno día del mundo es mi noche!

1. La otra divinidad del hinduismo.

He hecho de mi cabaña el país del extranjero,
el país del extranjero es mi hogar;
así me he vuelto extranjero yo mismo,
y el extranjero se ha vuelto yo.

Plegaria a Rama

> Tulsidas (1532-1623). Ha sido uno de los mayores místicos de la India, asceta viandante de la escuela de Ramunuja.

Señor, vuelve hacia mí tus ojos, porque yo, por mí solo, nada puedo. ¿Adónde puedo ir? ¿A quién puedo confiar mis preocupaciones? Yo soy tan sólo una ofrenda votiva arrojada a tus pies.

¿Qué plegaria puede dirigir el espejo al viviente que está delante del espejo? Mírate primero a ti mismo y recuerda tu misericordia y tu poder; vuelve luego hacia mí tus ojos y manda a tus esclavos, a los que te pertenecen. Porque el nombre del Señor es un refugio seguro, y el que lo alcanza está a salvo.

Señor, tus caminos alegran mi corazón. Solamente Tú eres Talasi. ¡Oh, Dios de la misericordia, haz con él lo que te parezca!

Del poema de Thayumanavar

> Thayumanavar (1705-1742), asceta viandante y poeta místico, cuyos cánticos se han convertido en dominio público y todavía son cantados hoy en día por personas pertenecientes a diversas castas sociales, desde los santos peregrinos hasta los músicos de palacio de la India meridional, por jóvenes y ancianos, hombres y mujeres (Subramania Pillay).

Yo te contemplaba, y una y otra vez
elevaba hasta ti mi llamamiento, Señor;
yo te sabía
identificado con el universo entero,
que se extiende
desde este mundo hasta allende los cielos.
Yo te proyectaba en la pantalla de mi inteligencia
y exclamaba dirigiéndome a ti:
«¿Por qué no vienes nunca, Señor de mi vida?»
Y siempre identificándome contigo,
consciente tan sólo de ti,
buscando únicamente a ti,
ahogado el espíritu por el dolor,
inmerso en oleadas de lágrimas,
con todo mi ser despedazado,
como quien vive en la desesperanza,
permanecía yo inmóvil,
olvidado de ti,
sin pensar en nada.

Como por adorar a los grandes sabios, benditos
por la unión contigo, la unión inseparable
contigo, inteligencia pura,

viví días tenebrosos,
en que otros caminos me tentaron.
¡Gloria, gloria a ti, armonía que perduras,
en los tiempos, en el espacio y en lo que nos rodea!
¡Gloria a ti, gracia!
¡Gloria a ti, verdad bendita
que las religiones exhalan,
que de las religiones trasciende!
¡Gloria a ti, naturaleza benigna,
que permitiste a este pobre loco
decir lo que ha dicho!

Invocación a Manjusri[1]

> Manjusri es una personalidad múltiple, que no es totalmente mítica, y se tienen buenas razones para creerlo, si bien el mito prevalece sobre la historia.

Homenaje al eminente Señor y Maestro Manjusri, cuya sabiduría brilla libre de toda oscuridad mental tan gloriosa como el sol sin nubes.

Que lleva en la mano, apoyado contra su corazón, un volumen de las escrituras sagradas, indicando, por ese gesto, su perfecto conocimiento de todas las verdades.

Que contempla, con paternal ternura, a todos aquellos que andan a tientas por el mundo, envueltos en las densas tinieblas de la ignorancia y torturados por las desdichas que suscita.

1. David-Neel, Alexandre: *Textos tibetanos inéditos,* págs. 88-96. Editorial Kier, S. A. Buenos Aires, 1969.

Los llama con su voz suave dotada de las sesenta perfecciones vocales.

La profunda y conmovida resonancia, semejante al sonido del trueno, de esa voz despierta a quienes duermen con el pesado sueño de la ignorancia y los libera de las ligaduras tejidas por sus pasadas acciones.

Llevando la espada (de la sabiduría) que corta las malezas de la desdicha y disipa con la luz las tinieblas de la ignorancia.

Puro para toda la eternidad; dotado de los poderes de aquellos que han pasado más allá de los diez grados de perfección.

Oh tú, jefe entre los reales conquistadores.

Oh tú, que disipas la oscuridad de mi corazón. Me prosterno humildemente ante ti.

Om A-ra-ha-tsi-na-di-ye.

Ojalá la gloria de su sabiduría, oh muy benévolo, aparte la pereza y las tinieblas de mi corazón.

Otórgame, graciosamente, los dones del valor y de la inteligencia.

Para que sea capaz de comprender correctamente las ciencias sagradas.

Buenos deseos formulados por Kuntu Zangpo en favor de los innumerables seres desprovistos de poder y que vagan en la rueda de los renacimientos[1]

Kuntu Zangpo es una personificación de la bondad universal.

1. David-Neel, Alexandre: *Textos tibetanos inéditos,* Editorial Kier, S. A. Buenos Aires, 1969.

¡Oíd!
Todos los fenómenos:
El mundo de la transmigración y aquel que está más allá de
ella tiene una base única, dos vías y dos términos:
Los juegos ilusorios de la ignorancia y del conocimiento.

Por los buenos deseos de Kuntu Zangpo
pueden todos los seres llegar al estado de Buda
en la esfera de la esencia de las cosas.
La base universal no es un agregado.
Es autógena y está más allá de lo que el espíritu
puede concebir y la palabra expresar.

No puede ser llamada ni *Samsara*
ni más allá de este.
Comprender esas dos cosas es ser un Buda.
Por no comprenderlo los seres erran en el *Samsara*
por la fuerza de mis buenos votos.
Los seres que existen en los tres mundos
ojalá comprendan esta base inexpresable.

Yo, Kuntu Zangpo, al saber que esa base autógena,
que no tiene ni causa principal, ni causa secundaria.
No la mancillo fijándole ideas
de interior o de exterior.
No es oscurecida por las tinieblas de la inconsciencia.
Así no es envuelta por la falsa idea de un «yo».

Para aquellos que permanecen en el conocimiento
de su propia naturaleza,
no hay motivo alguno de temor

aun cuando los tres mundos sean destruidos.
No se atan a los objetos de los sentidos
para el conocimiento, libre de los raciocinios,
surgido por sí mismo.
No existe ni esencia en las formas, ni los cinco venenos
de la claridad del conocimiento que no es obstruido.
Surgen las cinco sabidurías que son una (en esencia)
por haber llegado las cinco sabidurías a la madurez.
Emanan de ellas las cinco estirpes de los Budas originales.
Por la sabiduría llegada a la madurez de estos
se producen los cuarenta Budas.
De la fuerza de la energía de las cinco sabidurías
[manifestadas
surgen la sesenta deidades bebedoras de sangre.

Así, porque, sin cometer error alguno
comprendí la naturaleza de la base,
puedan los seres de los tres mundos,
por haber comprendido el conocimiento nacido
[de sí mismo,
obtener finalmente el acrecentamiento de la gran
[sabiduría.
La progenie de mis individuos ilusorios no será
[quebrantada
Aparecerán en inconcebibles millones
de números y de diversas formas
y para convertir a cada especie de seres
adoptarán muchos métodos diferentes.
Puedan, por el poder de mi benevolencia,
los seres de los tres mundos ser liberados de las seis clases
[de existencia.

Con sincero respeto saludo
a los hijos espirituales que has reunido,
los discípulos que ponen en práctica tus mandamientos
y la multitud de tus servidores.

Pongo ante ti mi cuerpo como ofrenda,
y aquello que de bueno recogen para los sacrificios
todas las regiones del mundo.

Ruego que todos mis pecados sean expiados,
que la felicidad alcance a todos los seres,
y que la doctrina sea predicada por doquier.

Ruego que el Lama glorioso viva
hasta que los seres se liberen por las transmigraciones
que todos mis actos sean provechosos para las criaturas.

India en la época moderna

La influencia del cristianismo sobre las religiones hinduistas se ha manifestado en forma clara en los últimos 150 años. El bengalés Kesab Candra Sen veía en Jesús, a quien dedicaba palabras sublimes, el completador de la religión india. El carácter de universalidad y multiplicidad del hinduismo se manifestó de manera evidente en el más grande de los santos indios: Gadadhar Chattopadhyaya, quien tomó el nombre ascético de Ramakrisna (1836-1866). A los veinte años se convirtió en sacerdote del templo de la diosa Kali (la Gran Madre, la Amada Divina: *sakti,* la energía originaria, que es el aspecto activo de Dios). Se instruyó en el yoga, el islamismo y el cristianismo. Tuvo visiones, ora de Krisna, ora de Jesús, lo cual le hizo llegar a la convicción de que todas las religiones son válidas y llevan a la comunión con Dios por vías diferentes. Dios está más allá del bien y del mal: «el narayana está en el devoto, el narayana está en el impostor, el narayana está en el criminal y en el disoluto». Más importante que el deseo de redención es el amor por los demás hombres; la beatitud está en el éxtasis.

Plegaria a la diosa Kali

¡Oh, Madre! Niégame esta beatitud. Pueda yo permanecer siempre en esta situación todos los días, para ser más útil en el mundo.

El amor al prójimo

No habléis del amor que sentí por vuestro hermano. ¡Amad...! No discutáis sobre doctrinas y religiones. No hay más que una. Todos los ríos van al Océano. Id y dejad que los demás vayan (al Océano)… A lo largo de su curso, el agua se divide —según las razas, la edad y las almas— en cauces diferentes. Pero siempre es la misma agua… Id. Corred hacia el Océano.

Dios está en nosotros

Quien ve a Dios aquí (en el corazón) lo ve también allí (en el mundo exterior). Quien no encuentre a Dios en sí mismo, no lo encontrará jamás fuera de sí mismo. Pero el hombre que ha visto al Señor en el templo de su propia alma, lo verá también en el templo del universo.

El conocimiento de Dios

Conoceos a vosotros mismos, y sólo entonces conoceréis a Dios. ¿Qué es mi yo? ¿Mi mano? ¿Mi pie? ¿O acaso mi carne, mi sangre o cualquier otra parte de mi cuerpo? Reflexionad bien y veréis que no hay en todo ello nada que pueda llamarse «yo»… Cuando analizáis el *ego,* este desaparece completamente. Queda tan sólo el *atman* (alma), el puro *chit* (conciencia absoluta). Dios no aparece más que cuando el *ego* muere.

El amor es Dios

Es el amor quien mueve al mundo y relaciona los átomos con los átomos; quien hace gravitar los grandes astros y los une entre sí. El amor es la ley de atracción entre el hombre y la mujer, entre los pueblos, entre los animales, en el universo entero aspirado hacia el centro... Desde las más diminutas moléculas hasta el Ser supremo, el Omnipresente, Aquel que todo lo llena, por doquier encontramos Amor... Él es la única fuerza, el motor del universo.

Por este Amor dio Cristo su vida por la humanidad, y Buda la ofreció como alimento a un simple animal, la madre a su hijo, el esposo a la esposa. Por este Amor se sacrifican los hombres por su patria... Y por este mismo amor (aunque parezca inverosímil) roba el ladrón y mata el asesino... Porque la fuerza que actúa es la misma. El ladrón ama el oro: es un amor mal dirigido... Así, en todos los delitos como en todas las virtudes que actúan, este Amor eterno está presenta e impulsa... Él es quien mueve el universo. Si no existiera, el universo se desmenuzaría en un instante... Este es el Amor de Dios.

Letanías compuestas en una caverna

> Ramdas (siglo XX), *Diario del peregrino*. Ramdas (servidor de Ram) es el seudónimo adoptado por el autor hindú. Se ignora su verdadero nombre.

¡Oh, Ram (Dios), Tú eres padre, madre, hermano, maestro, conocimiento, fama, riqueza! ¡Tú lo eres todo! Tú eres el único refugio. Permite a tu esclavo que se pierda para siempre en ti, en ti solo.

¡Oh, Ram! Sólo Tú puedes decir lo que yo, tu esclavo Ramdas (servidor de Rama), debo o no debo hacer, porque Ramdas está confuso y es impotente. Haz que lo abandone todo por ti. Haz que coma, beba, duerma, ande, se siente, se levante, piense, observe, entienda, sienta, toque y haga cualquier cosa en nombre tuyo y solamente por amor tuyo.

¡Oh, Ram, oh Madre divina! Ramdas es enteramente tuyo —corazón, alma, cuerpo, espíritu—, todo es tuyo, todo...

¡Oh, Ram! Tienes a tu esclavo absorto siempre en ti. Es tu esclavo, pero también tu hijo. Quiere servirte de todos modos, según el conocimiento que Tú le concedas. Es tu niño inocente que está fijo en ti para ser juzgado y protegido.

¡Oh, Ram! No le permitas que olvide nunca tus santos pies; no lo pongas nunca en una situación en que pueda olvidarte.

¡Oh, Ram, salva, salva a tu humilde esclavo, a tu niño ignorante! ¡Oh, Amor infinito, haz entrar en el árido corazón de este tu hijo un poco, al menos, de tu amor...!

¡Oh, Ram, haz que Ramdas esté loco por ti, loco de atar! Él no desea otra cosa. Que, como un loco, no sepa hablar más que de ti. Que el mundo lo declare loco, sí, loco por ti...

¡Oh, Ram, vuelve puro el espíritu de tu esclavo! Haz que yo no vea el mal por ninguna parte; haz que no vea en los demás los pecados, sino solamente el bien.

¡Oh, Ramdas!, tú estás en Ram y estás fuera de él. Tú estás en todas partes con Él, y Él en todas partes contigo. Él no puede abandonarte, y tú no puedes estar sin Él. Está ligado a ti, y tú lo estás a Él. Tú eres su protección, y Él te custodia. Él vive en ti y tú vives en Él...

¡Oh, Ram! Tú eres dos, pero Tú eres uno. El amante y el amado, estrechamente abrazados, se convierten en uno. Dos se convierten en uno, y este permanece, eterno, infinito, el amor. ¡Oh, amor, oh, Ram! Delira, espíritu apresado por la locura del amor a Ram...

¡Oh, Ram! Destruye en Ramdas los deseos. Destrúyelos para librarle de ellos. Guíalo y dale morada eterna en ti. ¡Oh, locura de Ram!, ¡oh, Amor!, haz que la intransigencia, la cólera, el deseo, abandonen completamente a Ramdas; que su espíritu sea puro, por gracia tuya. ¡Sálvalo, Ram, sálvalo!

¡Oh, Ram, Tú eres el amor presente en todo! ¡Ram, Ram, Ram por doquier! Dentro, fuera, en todas direcciones: por arriba, por abajo, en el aire, en los árboles, en la tierra, en el agua, en el cielo, en el espacio, en todo hay Ram; en todo hay amor.

¡Oh, Ram, que la alegría de tu amor, onda tras onda, vibre a través del alma de Ramdas!

¡Oh, Ram; oh, alegría; oh, éxtasis; oh, locura; oh, bondad! Ni reposo, ni sueño, ni alimento, ni placer, sino solamente tu divino amor, tu divina luz. ¡Oh, alegría, Ramdas está inmerso en el néctar del amor infinito de Ram! ¡Oh, luz, deslumbra! ¡Oh, fulgor; oh, gloria de Ram, incéndiate!

¡Oh, felicidad; oh, alegría, ven, oh, Ram! Ram está perdido sin ti; perdido en la alegría, en una felicidad indecible, en tu esplendor, en tu luz flamea, flamea por doquier. Amor, amor, amor; por todas partes amor...

Ram es forma, Ram ha tomado forma. Ram tiene una forma, Ram carece de forma. Ram es ser, Ram no sabe. Amor y odio están en Ram. Luz y tinieblas están en Ram. Felicidad y dolor están en Ram. Juicio y locura están en

Ram. Fuerza y debilidad están en Ram. Y, sin embargo, Ram está más allá de todo dualismo; separado del amor y del odio; luz y tinieblas, felicidad y dolor, juicio y locura, fuerza y debilidad, Om, Om, Om; Ram, Ram, Ram. Paz, paz, paz. Om Sri Ram — Tú eres Paz, inmovilidad — inmutable, inatacable, eterno, infinito — potente, inconcebible, incomprensible. Om, Om, Om.

El Mantra del nombre de Dios (Ram)

Repite el santo nombre del Señor, este es el único refugio del hombre... un corazón del que brota el amor es el corazón de Dios mismo.

La única plegaria que te dirige tu esclavo, ¡oh, Ram!, es que lo tomes enteramente bajo tu égida y le quites toda huella de egoísmo.

Plegaria de Sundar Singh

> Sundar Singh (1889-1929). Nacido de una rica familia Sikh, en el Patiala, se rebeló contra la religión que le enseñaron en la misión presbiteriana y fue expulsado de la misma, pero continuó buscando la «paz del corazón». Desesperado, pensó en matarse. Antes de hacerlo, se puso a meditar. Un poco antes del alba vio Sundar una figura luminosa, y se la apareció la figura radiante de Cristo. Sundar se consagró a Cristo y se hizo protestante, iniciando una vida de apóstol sembrada de sufrimientos, de persecuciones y milagros. El 19 de abril de 1929 partió para el Tíbet, y desde entonces se perdió su rastro.

Señor, mi corazón rebosa de agradecimiento por tus dones y tus bendiciones de todas clases. El agradecimiento del corazón y de los labios sería insuficiente si no pusiera mi vida a tu servicio, para darte testimonio con mis acciones. A ti la gratitud y las alabanzas, porque has sacado de su nada a un ser sin valor como yo para convertirme en tu elegido, y porque me has hecho feliz en tu amor y en el sentimiento de tu presencia.

No te conozco bien; no conozco siquiera mis necesidades. Pero Tú, ¡oh, Padre!, Tú conoces perfectamente a tus criaturas y sus necesidades. Soy incapaz de amarme a mí mismo como Tú me amas. En realidad, amarme a mí mismo significa amar con toda mi alma al amor sin límites que me ha creado: Tú, ¡oh, Señor!, me has creado con un solo corazón para que este sea para Uno solamente; para ti, que me has creado.

Señor, estar a tus pies es mil veces mejor y más grato que estar ante cualquier trono terrestre; significa estar para siempre en el Reino eterno. En este momento te ofrezco a mí mismo en holocausto en tu altar, a tus pies. Acéptame cuando y como quieras.

Haz de mí según tus deseos. Tú eres mío y yo soy tuyo. Me has creado a tu imagen, de un poco de polvo, y me has concedido el derecho de convertirme en hijo tuyo. Honor, gloria y alabanza para ti, por los siglos de los siglos. Amén.

Kriya-Yoga

De la línea de los grandes maestros hindúes (Mahavatar Bbji, Lahiri Mahasaya, Sri Yukteswar) desciende Swami Paramhansa Yogananda (en el mundo Mukunga Lal Ghosh), quien en 1920 fundó en Los Ángeles (California) un centro para la enseñanza de la técnica del Kriya-Yoga (que significa: unión con el infinito por medio de la acción), centro que bautizó con el nombre de *Self-Realization Fellowship* y en el que se admiten alumnos de todas las religiones, libres de seguir, en el mismo centro, las prácticas religiosas inherentes a sus creencias. Centros análogos han surgido en todos los estados de América del Norte y del Sur, y en Europa, en Londres, París y las principales ciudades suizas; en África, en las Filipinas y en Australasia, y continúan difundiéndose.

Tu única voz

Manifiéstate a mí, ¡oh, Espíritu!, como Fuente de toda sabiduría. Revélame el misterio de tu danza incesante en los protones y en los átomos.

Háblame del sonido de Aum, tu cósmica vibración, que ordenó que la creación surgiese de la nada, y permitió a cada átomo cantar una nota diferente.

¡Oh, Principio Excelso! ¡Yo ansío profundamente oír tu única voz!

Dónde te encuentras

A ti me inclino en los rayos de plata,
y a ti te bebo en los rayos de sol.

Con reverencia me detengo ante tu majestad
en los montes, y capto tu imagen
reflejada en los lagos.
En la voz del eco oigo tu voz,
te abrazo en la dulce caricia del viento,
me baño en tu fuente que chorrea sobre mi pecho.
Los objetos de mis pasiones han terminado.
Oigo tus susurros en el murmullo de los pinos,
y en el dulce susurro de las rientes aguas de un lago.
He escuchado tus palabras en la voz
de mi razón.
Te he visto arar, con las pruebas,
el suelo de mi alma,
y sembrar en ella las semillas de tu sabiduría.
Cada día regaba esta semilla tuya,
pero sólo cuando el sol de tu gracia despuntó,
germinaron las semillas, y crecieron y dieron
la cosecha de tu alegría.
De repente las aguas, las verdaderas alfombras
                            [de la naturaleza,
la azul vastedad del cielo, las opacas piedras
y mi cuerpo, transformados fueron,
por el toque mágico de mi silencio,
en un inmenso espejo,
y me vi yo mismo reflejado por doquier.
Y cuando, concentrándome, me miré,
me hice transparente, y en aquella transparencia
no supe encontrarme a mí, sino sólo a ti,
¡sólo a ti!

Nosotros somos uno

Tu vida cósmica y yo somos Uno.

Tú eres el océano y yo la ola:
somos Uno.

Tú eres la llama, yo la pavesa:
somos Uno.

Tú eres la flor, yo el perfume:
somos Uno.

Tú eres el padre, yo el hijo:
somos uno.

Tú eres la amada, yo el amante:
somos Uno.

Tú eres la amante, yo el amado:
somos Uno.

Tú eres el espíritu, yo la naturaleza:
somos Uno.

Tú eres el amo, yo el siervo:
somos Uno.

Tú eres la madre, yo el hijo:
somos Uno.

Tú eres el maestro, yo el discípulo:
somos Uno.

Y como Tú y yo somos Uno:
lo fuimos y lo seremos para siempre.

Plegaria del Señor humildemente interpretada

¡Oh, Padre celestial, Madre, Amigo, Dios adorado! ¡Ojalá nuestro incesante mencionar tu santo nombre nos transforme a tu imagen y semejanza!

Inspíranos, a fin de que nuestra adoración de la materia se transforme en adoración tuya. Que tu reino perfecto baje a la tierra por medio de nuestros corazones purificados, y todas las naciones sean liberadas del dolor y de la pena. Que se manifieste al exterior la liberación del alma dentro de nosotros.

Que nuestra voluntad se haga más y más fuerte para vencer los deseos mundanos, y al final se acomode a tu irreprensible voluntad.

Danos el pan nuestro de cada día: alimento, salud y prosperidad para el cuerpo, lucidez mental y, sobre todo, tu amor y la prudencia del alma.

Dice tu ley que «la misma medida con que medís, será empleada para mediros». Perdonemos a quienes nos ofenden, pensando siempre en la necesidad que tenemos de tu inmerecida misericordia.

No nos abandonemos en el abismo de las tentaciones en que hemos caído, por no haber sabido emplear el don tuyo de la razón. Y si fuere tu deseo ponernos a prueba, sepamos ¡oh, Espíritu! darnos cuenta de que Tú seduces desde más allá de toda tentación terrena.

Ayúdanos a librarnos de las tenebrosas ataduras del mayor de los males: la ignorancia de ti.

Porque Tú eres el reino, el poder y la gloria eternos.
Amén.

Mateo, VI, 9-13; Lucas, XI, 2-4.
Lucas, VI, 38.

La fuerza mágica

Haz que mis ojos vean lo que Tú ves.
Haz que mis oídos oigan el estruendo de tu voz
en las ondas de lo creado.
Haz que mi verbo sea un baño de palabras de néctar,
que se viertan sobre las almas que son presa de la amargura.
Haz que mis labios sólo canten
los cantos de tu amor y tu alegría.
Amado, realiza por medio de mí la obra de la verdad.
Ten mis manos ocupadas en servir a todos mis hermanos.
Haz que mi voz esparza de continuo semillas de amor para ti
en el terreno de las almas que buscan.
Haz que mis pies avancen siempre
por el camino de la acción justa.
Guíame de la oscura ignorancia a tu luz de sabiduría.
Haz de mi amor tu amor,
a fin de que pueda conocer todas las cosas como mías.
Padre, mueve mi corazón y hazme sentir simpatía
por todas las criaturas vivientes.
Enciende en mí la llama de tu sabiduría,
y quema la oscura selva de mis deseos terrenos.
Que tu razón sea el Maestro de la mía.
Piensa con mis pensamientos,
porque es tu mágica fuerza que utiliza mi mente
como mente tuya,
y es mi mano como mano tuya,
y mis pies como pies tuyos,
y mi alma como espíritu tuyo
para realizar tus obras santas.

De P. Yogananda, *Soplos de Eternidad.*

Tíbet

Plegaria de Milarepa

> Milarepa (siglo XI), que vivió en el Tíbet, fue mago, poeta y eremita, antes de convertirse en santo. Su memoria se encuentra todavía viva en el Tíbet. Después de una vida mundana llena de errores y de pecados, encontró la vía del ascetismo. Después de haber renunciado a toda clase de placeres terrenos, y de haber aniquilado sus sentidos, alcanzó la gloria del éxtasis.

Tú, que apareces bajo encarnaciones diferentes
al pecador que se ha convertido,
Tú que te mostraste Buda y soberano de la bondad
solamente a los Bodhisattva, yo te saludo.

Saludo en Ti al verbo único,
que ha dado la ley en la lengua de todo pueblo
en ochenta y cuatro mil palabras
por sesenta voces distintas.

Saludo, en fin, al espíritu del Buda absoluto,
inmutable y omnisciente,
liberado de las tinieblas de la noche
en el luminoso cielo de su Nirvana.

Me prosterno a los pies de la Señora y Madre
que ha generado un Buda de las Tres Épocas,
de cuerpo visible, inmutable y perfecto,
en el santo palacio que es la región de las ideas puras.

China

Los chinos no conciben la religión desde el punto de vista de los europeos, formados por cerca de 2.000 años de civilización cristiana. Consideran la religión sobre todo desde un punto de vista práctico: como un código de moral social y política, o como un medio de conocer el futuro o de conseguir felicidad y riqueza.

El culto de los antepasados parece ser que se remonta al año 4000 a. de C. Prácticas rituales análogas se observan incluso en nuestros días.

Dos divinidades cuyo culto se ha transmitido hasta la época actual son: el Dios de la Tierra y el Dominador o Señor del Cielo (*T'ien,* que significa «cielo»). Entre estas dos divinidades supremas y los antepasados había divinidades inferiores, las de la fuerza de la naturaleza: el sol, la luna, las montañas.

Al Cielo

El Soberano desciende al altar central,
y las cuatro regiones del espacio son su templo.
Dominad y concentrad vuestros errantes pensamientos
a fin de que vuestra mente esté quieta en su sitio.
Que la pureza y la concordia reinen por doquier.
Que todo el Imperio disfrute de la paz.
Y que la reina Tierra, rica y fecunda,
se muestre, radiante, con su vestido de oro.

Al Cielo y a la Tierra

¡Oh, Cielo, noble y supremo Creador, Tierra, Madre rica y fecunda, Sol y firmamento! Vosotros que producís las cuatro estaciones, con acciones y reacciones.
    Sol, Luna, Estrellas de curso constante y rítmico.
    Yin y Yang,[1] vosotros que, una vez terminada la revolución, siempre la comenzáis de nuevo.
    Nubes, Viento, Truenos, Relámpagos, Lluvia y Rocío, que nos dais la abundancia...
    Puesto que, sucediendo a mis abuelos, he subido al trono imperial, a mí me incumbe daros gracias por los beneficios que nos deparáis, y expresaros el reconocimiento del pueblo.
    Por ello he hecho preparar este convite y os presento las ofrendas, confiando que, si os dignáis aceptarlas, mantendréis lejos de mi imperio toda calamidad y lo colmaréis de bienes.
    Redoblad, tambores; sonad, flautas; agitad los abanicos, danzarines. ¡Que los pueblos bárbaros sean atraídos por la sublime virtud de nuestras banderas!

Al Supremo Cielo

El Palacio Viola resplandece,
allí donde reside, invisible y misterioso, el Supremo Uno,
que dirige su mirada hacia la tierra.

---

    1. Yin: fuerza creadora masculina. Yang: fuerza generadora femenina.

¡Oh, noble y altísimo Supremo Cielo!
Para ti ofrendamos estas piedras de lapislázuli.
Para ti son las víctimas que inmolamos.
Para ti tenemos, aquí reunidos, ministros, músicas
                            [y banderas.

Dirige la mirada a estas piedras de tu color;
acepta el humo del sacrificio que hacia ti sube.

Por estas ofrendas de veneración,
concédenos felicidad.

Al Soberano Espíritu

En el comienzo de todas las cosas reinaba el caos, oscuro e informe. Los cinco elementos no se habían revelado todavía, y el Sol y la Luna no brillaban. En el caos no eran perceptibles ni el sonido ni la forma. Entonces ¡oh, Soberano Espíritu!, pusiste tu poder de manifiesto separando lo pesado de lo ligero. Tú hiciste el cielo; Tú hiciste la tierra; Tú hiciste el hombre, todo ser ha recibido de ti como don la vida y la facultad de reproducirse.

Para el sacrificio por los antepasados

Míralos llegar, llenos de armonía;
helos aquí, con gran compostura,
los Príncipes asistentes,
mientras el Hijo del Cielo observa atento.

Mientras presento este noble toro,
y ellos me ayudan a consumar el sacrificio,
¡oh, grande y augusto Padre!
conforta a tu filial vástago.

Con profunda sabiduría hiciste al hombre,
un soberano que posee los dos bienes de la paz y la guerra,
concediendo reposo también al gran Cielo
y asegurando prosperidad a tus descendientes.

Confórtame con tus sobrecejas longevas;
hazme grande con bendiciones múltiples.
Ofrezco este sacrificio a mis merecedores padres
y a mi Madre perfecta.

Budismo chino

La liberación de los animales

Del ritual de una secta budista mahayana (Gran Vehículo) que comprende más de 400.000.000 de adeptos, bajo la forma de lamaísmo, en China, Japón, Indochina y Tíbet. Se caracteriza por el amor a todos los seres, amor que llega hasta el sacrificio de sí mismo. La regla XLV prescribe:
«Cuando encuentre un animal, el monje debe desearle que se le despierte la razón, necesaria para entrar en el camino de la sabiduría.»
Cuando un laico lleva al convento animales vivientes, cualquiera que sea su especie, el monje debe acogerlo cordialmente diciendo:

¡Oh, qué sumido estás en la ignorancia!
¡Cuánta compasión te tengo!
¡Cómo deseo que te salves!

Después de lo cual recitará la fórmula:

Invoco a Buda, su ley y su orden.
Estos seres vivientes, apresados por la red, iban a ser llevados a la muerte. Pero han encontrado un hombre devoto y compasivo que les ha salvado la vida.
Yo, monje, los recomiendo a Buda, a su ley y su orden. Pero como están faltos de razón y no pueden comprenderme, ruego a Buda, a su ley y su orden que aclaren las tinieblas de su entendimiento, y que los atraigan hacia sí por misericordia.

Tras una pausa de concentración, el monje prosigue:

Seres vivientes que estáis ante mí, encomendaos a Buda.

Considerando que, por la bondad de Buda, los animales habrán sido iluminados, el monje los llamará «discípulos de Buda» y los exhortará a seguir las enseñanzas del Maestro:

¡Discípulos de Buda, ahora sois admitidos e instruidos! Confieso por vosotros los pecados pasados, para que podáis obtener su absolución. Arrepentíos y decid: «Todo el mal que he hecho en mis vidas pasadas por mi ignorancia, por mi avidez, por mi rebeldía, todos los pecados de pensamiento, palabra y obra, todo lo confieso y de todo me arrepiento».

A continuación los asperja con agua salada bendecida:

¡Oh, Buda, que tienes tu morada en las alturas! Impregna de tu virtud esta agua, a fin de que adquiera la facultad de purificar todos los seres.

Tras la aspersión, dice el monje:

Confío en que después de su liberación estos discípulos de Buda no caigan de nuevo en manos salvajes, ni sean apresados por las redes, ni traguen más anzuelos. Confío en que vivan libres y pacíficos hasta su muerte natural. Espero que después de ella renazcan, hombres o fieras, y que hagan el bien y sigan su camino hasta alcanzar el fin. Que su benefactor sea bendito en este mundo y por siempre iluminado.

Japón

El *sintoísmo* (camino de los dioses), la religión oficial del Japón, engloba todas las creencias y cultos practicados en el país. Puede dividirse en tres grandes períodos: el anterior a la expansión del budismo; el período de la fusión con el budismo; y, a partir del siglo XVIII, la purificación y renovación, la antigua religión que da paso al sintoísmo moderno. El sintoísmo ha mantenido hasta hoy, con fidelidad y sin cambios, las formas fundamentales de la antigua religión del país: la adoración a la naturaleza y el culto a los antepasados.

El libro sagrado de los japoneses es el *Kojiki,* que contiene la mitología y una breve alusión a los primeros soberanos del país. Una versión más extensa del *Kojiki* la constituye el *Nihoshoki* que contiene, además, minuciosas noticias históricas. Las plegarias rituales antiguas *(norito)* están reunidas en el *Engishiki.*

El sintoísmo es una religión politeísta. Su ritual comprende: purificaciones, adivinaciones, danzas, cánticos, plegarias y ofrendas. El sintoísmo moderno ha añadido a estas prácticas la celebración del matrimonio, la ceremonia de la colocación de la primera piedra, la presentación de los recién nacidos al templo, los ritos funerarios y las procesiones.

El canto de O-Kuni-Nushi

La augusta princesa Suseri, reina-esposa del Dios, estaba celosa. Entonces el Dios, hijo del sol macho, no pudiendo más, decidió irse de Izumo para subir a la región del Yamato. Completamente equipado, en el momento de partir, apoyando su augusta mano en la augusta silla del augusto caballo e introduciendo su augusto pie en el augusto estribo, así cantó:

He tomado y me he puesto,
con verdadero cuidado,
un augusto vestido, negro
como ala de cuervo.[1]

Como el ave de alta mar
cuando mira su propio pecho,
así alcé yo los brazos.
¡Ah, este no me sienta bien!
Me lo he quitado de encima,
lo he tirado a la playa,
la playa donde se suceden las olas.[2]

He tomado y me he puesto,
con verdadera atención,
un augusto vestido verde,
como el ave de los ríos.

---

1. Compara las mujeres a vestidos que se pone y luego desecha. El vestido negro puede ser la esposa Yakami, que fue la primera en irse.
2. Igual que la ola rompe en la playa, así rompo yo el vestido y lo arrojo.

Alzando manos y mangas,
como el ave de alta mar
cuando se mira el pecho.
¡Tampoco este me sienta bien!
Me lo he quitado y lo he arrojado
sobre las olas de la playa.

En el suelo de las montañas
he buscado la Garanza[3] y la he triturado;
con el líquido de este árbol colorante tintóreo
he teñido un vestido (de rojo),
y me lo he puesto
¡Oh, qué bello!

Levantando los brazos
como el ave de alta mar
cuando se mira el pecho:
¡este sí que me sienta bien!

¡Graciosa niña,
augusta hermanita![4]
Si parto con el grupo (de los míos)
como una bandada de pájaros.

Si me voy, llevándome detrás
(los míos) como aves arrastradas.[5]

    3. Garanza: raíz roja de la que se extrae el jugo para teñir los tejidos. El vestido rojo alude a la Princesa Numakura, mientras que el verde se refiere a Suseri, la celosa.

    4. Hermanita: esposa.

    5. Si me voy, puedo llevarme conmigo cuantas mujeres quiera. Nunca sentiré pesar por haberte abandonado.

Aunque tú digas:
¡pero yo no lloro!
Llorarás, ciertamente,
con la cabeza inclinada,
como una caña solitaria
en el pie de una montaña.

Y la niebla de tus suspiros se alzará
como ligera lluvia.

¡Oh, esposa augusta,
(tierna) como la hierba temprana!
las palabras que hablan de esta cosa
son realmente estas.

> Ante estas palabras aquella reina (Suseri) tomó una augusta copa (de saké), y de pie ante él se la presentó cantando:

¡Oh, Dios augusto,
de las ocho mil lanzas!
¡Oh, mi Señor,
Señor del gran país!

Como Tú eres un hombre
puedes tener esposas
(tiernas) como la hierba temprana
en todos los promontorios de la isla,
hasta donde abarca la mirada.

En cambio yo,
como soy mujer,

no tengo otro hombre
más que Tú,
salvo Tú,
no tengo otro esposo.
Bajo el rumor del estampado del suave cortinaje
bajo el suave y cálido vestido de noche.
Bajo el murmullo de las cubiertas de corteza de jazmín
[blanco.
Que tu brazo blanco
como la cuerda de morera
(abrace) mi pecho, suave
como la nieve esponjosa.

Acariciar
acariciarse unidas las manos,
perla verdadera,
la mano, como perla, será cojín.
Alargando las piernas
durmamos pronto tranquilamente.
Bebe el augusto y abundante saké
(que te ofrezco).
¡Bebe!

> Habiendo cantado de esta manera se cambiaron las copas y se echaron los brazos al cuello; hasta el día de hoy están en paz. Estas son palabras de los dioses (kami-goto).[6]

6. Estos cantos se cantaban en las ceremonias de la Corte.

Norito de la Gran Purificación

>Se trata de una celebración que tiene lugar el último día de la VI luna.

Yo (es decir, el Emperador) digo: todos vosotros que estáis aquí reunidos, Príncipes de la sangre, otros Príncipes, altos dignatarios, hombres de las Cien Funciones, ¡escuchad!

Yo digo: escuchad todos a la Gran Purificación con que, el último día de la Luna Húmeda de este año, me digno purificar y lavar las ofensas que inadvertida o deliberadamente hayan sido cometidas por aquellos que sirven con respeto en la Corte del Celeste Soberano… y por todos aquellos que sirven con respeto en todos los demás cargos…

Sobre las diversas clases de ofensas cometidas, inadvertida o deliberadamente por el aumento celeste de la población y que puedan verificarse en el país, algunas son llamadas «ofensas celestes»,[1] otras, «ofensas terrestres»,[2] algunas

---

1. *Ofensas celestes:* destruir los diques de separación de los arrozales; colmar los fosos de irrigación, abrir las esclusas; sembrar un terreno ya sembrado; hundir estacas aguzadas en los arrozales; desollar vivo un animal; dejar excrementos donde no se debe.

2. *Ofensas terrestres:* cortar la carne viva (herir o matar), cortar la carne muerta (seccionar cadáveres), el albinismo, *kokumi* (término vago que alude a manifestaciones morbosas, como accesos o tumores, etc.), el incesto con la propia madre, el incesto con la propia hija, el incesto con la propia hijastra, el incesto con la madre de la mujer propia; el acoplamiento con animales; daños producidos por reptiles (mordeduras), daños producidos por los dioses de lo alto (sobre todo rayos), daños producidos por aves de lo alto (caída de excrementos); matar animales domésticos (pertenecientes a otros); practicar la magia (encantamientos y exorcismos para atraer el mal sobre otros).

podrían verificarse... Cuando tales ofensas se verifiquen, que el Gran Nakatomi (un dignatario de la familia de los Nakatomi, que recitaba el Norito en nombre del Emperador), siguiendo los ritos del Palacio Celeste (es decir, el Palacio de la Diosa del Sol, Amaterasu, en toda la amplitud del Alto Cielo) corte por la raíz y la copa jóvenes Árboles Celestes, y haga con ellos un millar de mesas para abundantes ofrendas... y que pronuncie entonces las poderosas palabras del ritual celeste.

Haciéndolo así, los dioses celestes, empujando y abriendo la celeste puerta de rosa, y abriéndose paso con un potente abrecaminos, a través de múltiples (óctuples) capas de nubes celestes, prestarán oído. Los dioses del país, subiendo a la cumbre de altas montañas y a la cumbre de montañas bajas, y dispersando violentamente el humo (la niebla) de las montañas altas y el humo de las montañas bajas, prestarán oídos (a las palabras rituales).

Si así lo hacen, deberá desaparecer, especialmente de la Corte del Soberano sobrino (el Emperador reinante) y de las cuatro regiones del cielo, toda ofensa que se llame ofensa. Como las múltiples capas de nubes son barridas por el viento del dios Shinato (el dios del viento); como el viento de la mañana y el de la tarde expulsan la niebla densa de la mañana y la niebla densa de la tarde; igual que soltando la proa y la popa de las grandes naves fondeadas en los grandes puertos, son empujadas aquellas por la Gran Llanura del Mar; igual que la hoja cortante de una hoz templada al fuego limpia prontamente de matas la tierra de ahí abajo, así será castigada toda ofensa.

Estas cosas (las ofensas y los pecados) que yo me digno en purificar y lavar, la deidad llamada Seori-tsuhime (la

Princesa que desciende por los rápidos), que vive en los rápidos de los torrentes que se precipitan espumantes en abismos desde la cumbre de las altas montañas y desde la cumbre de las montañas bajas, las llevará a la gran llanura del mar. Y cuando así las hayan llevado, la deidad llamada Haa-aki-tsu-hime (la Princesa de las rápidas aperturas) que vive allí donde se encuentran las ochocientas (innumerables) corrientes de las saladas, frescas y bravías ondas marinas (cimas existentes en los confines extremos del mundo, a las que van a parar las innumerables vías del mar), las tomará y las engullirá ruidosamente.

Y entonces el dios llamado I-fuki-do-nushi (señor del hálito soplante), que vive allí donde nacen los vientos, las tomará y con su soplo las expulsará a todas al Ne-no-juni, en el Soko-no-kuni (dos nombres del infierno), y cuando las haya expulsado de este modo, la diosa Haya-sasura-hime (la Princesa de la rápida expulsión), que reside en el Soko-no-kuni y en el No-no-kuni, las agarrará y las arrojará, librándose de ellas.

Y una vez expulsadas de este modo, a partir de este día en adelante no habrá ya ninguna ofensa que se llame ofensa en las cuatro regiones del cielo, ni en todos aquellos que, ejerciendo cualquier función, sirven respetuosamente en la Corte del Celeste Soberano.

Y habiendo traído, y puesto aquí un caballo, como cosa que escuche con sus orejas vueltas hacia lo alto del cielo, al ocultarse el sol vespertino del último día de la luna húmeda de este año, digo: escuchad todos esta Gran Purificación con que me digno purificar y lavar.

Yo digo: y vosotros, adivinos de las cuatro regiones, partid e id al Gran Lecho del Río, purificad y destruid.

A los Kami que protegen contra la desgracia

Humildemente declaro en presencia de los dioses soberanos, cuyas funciones comenzaron en la Llanura del Alto Cielo, cuando cantaron las alabanzas del Soberano sobrino, vigilando las grandes bifurcaciones de los Ocho Caminos, como un conjunto de numerosas rocas.

Mientras pronuncio vuestros venerados nombres: Yachimatahiko, Príncipe de las Ocho Bifurcaciones y Kunado, «No te he concedido el paso», yo canto con alegría vuestras alabanzas.

Si del País de las Raíces, del País del Abismo hubiesen de venir seres salvajes y hostiles, no nos mezcléis con ellos, sino vigilad abajo, si descienden, y vigilad arriba, si es que van hacia arriba, protegiéndonos contra toda contaminación, y custodiándonos día y noche.

Las ofrendas que traigo en vuestro honor son magníficas telas, espléndidas telas, telas suaves y telas rígidas. Pongo en hilera las jarras panzudas llenas de cerveza y levanto la tapa de las mismas. Os ofrezco trigo fermentado y trigo en espigas. Os ofrezco los seres de pelo suave y los seres de pelo áspero que viven en las montañas y en los matorrales. Os ofrezco los seres de aleta estrecha que viven en el seno de las aguas azules del mar, y os ofrezco las algas del lago y las algas de la costa.

Aceptando pacíficamente estas abundantes ofrendas que deposito ante Vosotros, llenas como una serie sinuosa de colinas, velad en los caminos reales como un conjunto de numerosas rocas, cuidando solícita y continuamente al Soberano sobrino de contaminación, y bendecid su reino a fin de que sea próspero.

Dignaos preservar también de toda contaminación a los Príncipes Imperiales, los otros Príncipes, los Ministros de Estado y todos los funcionarios, y proteged además al pueblo de las regiones subcelestes.

Yo, en traje de Dignatario del Departamento de Religión, canto humildemente vuestras alabanzas por medio de esta grande y celeste fórmula.

Para la fiesta de la Luna (Tsuki-nami)

> Esta fiesta se celebraba dos veces al año, el decimoprimer día de las lunaciones VI y XII, en honor del *kami* de los templos mayores.

Yo digo: para el Gran Orden del Mikado pronuncio humildemente, ante la poderosa presencia de la Gran Divinidad, cuyas alabanzas se cantan en el templo edificado sobre las profundas raíces de las rocas en la orilla del río Isuzu en Watararhi.

Yo, de tal jerarquía y tal nombre, transmito humildemente sus órdenes, como enviado suyo que soy, para traer y depositar aquí las grandes ofrendas rituales de la fiesta de las mieses del segundo mes.

Yo digo; escuchad, vosotros *kannushi* y *mono-imi*[1] este norito divino y grande que humildemente recito en la poderosa presencia de la Gran Divinidad Cielo-Esplendente, cuyas alabanzas se cantan en *Uji de Waatarahi,* allí donde en la orilla del río Isuzu están firmemente elevadas las colum-

---

1. Vírgenes de noble estirpe adscritas a los templos.

nas del Gran Templo y se alzan las traviesas salientes en la llanura del Alto Cielo.

Bendecid la vida de nuestro soberano y dadle una vida larga y un próspero reinado, duradero y estable como un conjunto de múltiples rocas, y conceded vuestra gracia a los príncipes de él nacidos.

Coro de los sacerdotes de rango inferior: O.[1]

Conceded a los funcionarios de todo rango y a los campesinos de las cuatro direcciones de la región subceleste que las Cinco Especies de trigo que cultivan fructifiquen en abundancia. Cóncedeles tu protección y bendícelos.

Coro de los sacerdotes de rango inferior: O.

En este día 17 del sexto mes, cuando nace el sol glorioso, digo tus alabanzas depositando ante Ti, abundantes como mares y montañas, las debidas ofrendas y la gran ofrenda de arroz y cerveza, donadas, según la costumbre, por los campesinos de los tres distritos, de las regiones y de las provincias, así como las coronas rituales al mismo *Grande Nakatomi*. Yo digo: este rito se cumple en el templo de Ara-matsuri y en el de *Tsukiyomi*.

---

1. Sílaba sagrada equivalente al OHM de los hindúes y a nuestro Amén.

El shinto moderno

Bajo la influencia del budismo y de la cultura china, el shintoísmo llamado «puro» tuvo un período de decadencia que duró hasta el 1700 aproximadamente. Vino luego un período de renacimiento (de 1700 a 1868). Con el advenimiento de la era Meiji en 1868 el shintoísmo no fue ya declarado religión sino «institución del Estado». Sin embargo se reconoció el carácter religioso de las numerosas sectas, que son 13 en total. Muchas siguen todavía las enseñanzas antiguas, es decir, las formas populares de la religión de los *kami* fundada por hombres de las clases más humildes. Otras han surgido en épocas más recientes, después de la Restauración (año1868). En estas se advierte la influencia del budismo y, últimamente, del cristianismo. Una de las más modernas, *Seicho-no-ie* (la Casa de la Vida, la Sabiduría y la Abundancia Infinitas), fundada en 1925, cuenta con un millón de fieles.

Invocación a Dios

Dios, origen del alma,
el que hace vivir a todos los seres,
tráenos suerte.
Nosotros no vivimos por nosotros mismos,
sino por la vida de Dios que vive en el universo.

Nuestros actos no los realizamos nosotros,
sino el gran poder de Dios que vive en el universo.
El gran Dios de Seicho-no-ie, la casa de la Vida, Sabiduría
　　　　　　　　　　　　　[y Abundancia infinitas,
que te revelaste para indicarnos el camino de Dios
　　　　　　　　　　　　　[en el universo,
¡Protégenos!

La ilusión

Una vez el mensajero celeste hubo cantando a Seicho-no-ie de este modo, apareció un niño celestial y le rogó:

«Por los hombres y para la comprensión de los hombres, te ruego expliques la esencia de las ilusiones.»

El celeste mensajero repuso:

«La ilusión es la imagen de la existencia de lo que no existe; por ello es ilusión.

Se llama ilusión al desconocimiento del verdadero estado.

La alegría y el dolor, en principio, no existen en la materia.

Es necesario evitar que se vea que en la materia hay dolor y alegría. Esta visión invertida se llama ilusión.

La vida existe originariamente en la Mente.

La Mente es dueña de la materia.

El carácter y la forma de la materia, todo es creado por la Mente.

Creer erróneamente que la Mente esté dominada por la materia, y que al transformarse esta sufre o se atormenta, y no poder intuir el aspecto verdadero, perfecto y completo de la vida, se llama ilusión.

La ilusión es contraria a la verdad; por esto es oscuridad.

La ilusión es contraria a la verdadera realidad; por esto no es verdadera realidad.

Si la ilusión fuese verdadera realidad, también el sufrimiento y la angustia producidas por la ilusión serían verdadera realidad. Pero la ilusión es una verdadera realidad vacía, por lo que también el sufrimiento y la angustia son malos sueños de los que es preciso desprenderse, y una realidad verdadera.»

TERCERA PARTE

Religiones mesopotámicas

Irán

Toda la literatura del Irán está dominada por la personalidad de Zarathustra, que los griegos tradujeron por Zoroastro. Fue profeta y reformador de la doctrina religiosa de los antiguos persas, la religión de los grandes reyes de la familia de los Aqueménidas. El *Avesta* es el libro sagrado del Irán. Pero hasta nosotros sólo ha llegado una cuarta parte del libro original. Está dividido en cuatro: las *gathas* o sermones de Zarathustra; los *yashts* o himnos; los *vendidad* o rituales antidemoníacos; los *vispered* o fórmulas litúrgicas.

Mazda (que parece significar «sabio») es el espíritu bueno y santo que se opone a la injusticia: es omnisciente, dominador, bueno, bienhechor, misericordioso. Es el creador de todos los seres divinos del paraíso, de la bóveda del cielo, del sol resplandeciente (que es su ojo), de la luna que, con las estrellas, ilumina el cielo nocturno y vigila a los pecadores con miríadas de ojos; de la vida, del viento y la brisa, del fuego, que es la manifestación por excelencia, bajo todas las formas y en todos los seres, de la tierra, las plantas, los animales, los metales y el hombre. La figura de Zarathustra fue posteriormente deformada por los mitos y leyendas hasta el punto de que no es fácil formarnos una idea exacta de su verdadera personalidad histórica ni del trasfondo social de su época.

La gran influencia de la doctrina zoroástrica llega, según Jäger, hasta Aristóteles. La religión de Zarathustra se acerca extraordinariamente por sus creencias próximas al monoteísmo y por su ética a la forma de pensar cristiana, y merece, por su profunda interpretación del mundo, ser colocada al lado de los grandes intentos y sistemas filosóficos.

Himno a Ahura Mazda...

En este himno a Ahura (señor) Mazda (sabio) encontramos algunas precisiones concretas sobre la personalidad del «Sabio Señor». En él es caracterizado claramente como creador.

Esto te pregunto, dímelo, ¡oh, Señor...!
¿Quién era el creador del orden recto,
quién su padre desde un principio?
¿Quién creó el sol y el curso de las estrellas?
¿Quién es aquel por el que la luna crece y decrece?

Esto, ¡oh Sabio!, y todavía otras cosas deseo saber.
Esto te pregunto, dímelo, ¡oh Señor!
¿Quién sostiene la tierra abajo,
y el cielo, para que no caiga?
¿Quién creó las aguas y las plantas?
¿Quién enjaezó al viento y a las nubes,
a los dos corredores?
¿Quién, ¡oh Sabio!, es el creador del ánimo bueno?

Esto te pregunto, dímelo, ¡oh Señor!
¿Qué maestro creó la luz y las tinieblas,
qué maestro creó la vigilia y el sueño?
¿Quién creó el amanecer, el mediodía y la noche,
que a los clarividentes les recuerdan su trabajo...?
Como creador de todo esto, quiero reconocerte
por el espíritu que da la salvación.

Yasna, 44, 3-4, 7.

Yasna de la lucha de los dos ejércitos

> La larga y oscilante lucha entre los dos ejércitos, el que lucha por el Sabio Señor y que lo hace por su enemigo, Ahriman, simbolizan la lucha final, es decir el «Juicio final».

Esto te pregunto, dímelo, ¡oh Señor!
¿Cuándo podemos arrojar a los adeptos de la mentira,
entre aquellos que no se cuidan de la justicia ni del buen
[sentido?

Esto te pregunto, dímelo fielmente, ¡oh Señor!
¿Cómo podré yo entregar a la mentira
en manos de la justicia
para aniquilarla según las promesas de tu doctrina,
para provocar su derrota y, ¡oh Sabio!,
llevarla al tormento y a la tribulación?

Esto te pregunto, dímelo fielmente, ¡oh Señor!
Si tú tienes fuerzas para vigilar, junto con la justicia,
cuando los dos ejércitos se enfrentan,
de acuerdo con aquellas condiciones que tú, ¡oh Sabio!,
quieres imponer,
¿a cuál de los dos, a quién otorgarás tú la victoria?

Yasna, 44, 13-14.

Yasna de la «última crisis de la creación»

> Al final de los tiempos tendrá lugar el gran «viraje» de la historia del mundo, la «última crisis de la creación», en la que de nuevo se encontrarán el principio y el final.

Te he reconocido como salvador, ¡oh Sabio!,
cuando en el principio te vi en la creación de la vida,
cuando determinaste que a las obras y a las palabras
correspondiera una retribución,
mala para lo malo y buena para lo bueno,
por tu poder en el último viraje de la creación...
Y cuando estos dos espíritus (el de la creación buena
[y el de la mala)

se reunieron por primera vez,
fijaron la vida y la no vida,
después de la cual, al final,
al mentiroso se le atribuyó la existencia mala,
y, en cambio, al justo el buen sentido, el paraíso.

Yasna, 43,5 y 30,4.

El fuego, instrumento de la justicia divina

La retribución que tú darás por el espíritu y por el fuego,
y que has prometido a los dos por la justicia
—que es una norma divina para los prudentes—,
anúncianosla, ¡oh, Sabio!,
para que se sepa por la palabra de tu boca,
para que yo pueda convertir a todos los vivientes...

Entonces te reconoceré, ¡oh Sabio!,
como el fuerte y el salvador,
como cuando tú con la mano
en la que tienes aquellas porciones
que repartirás entre los mentirosos y los justos,
por obra de tu fuego fuerte por la justicia,
cuando el poder del buen sentido venga hacia mí...
Tu fuego, ¡oh Señor!
poderoso por la justicia, prometido, fuerte,
deseamos que sea manifiestamente beneficioso al fiel,
pero al enemigo manifiestamente dañino,
según el signo de tu mano.

Yasna, 31, 3-34, 4

Himno de inspiración zoroástrica sobre la tumba de Darío

> En la tumba rupestre de Darío en Naqsh i Ristam leemos este himno cuyas ideas están claramente influidas por las doctrinas de Zarathustra:

Un gran dios es Ahuramazda,
el que ha creado esta obra que todo lo supera,
que se ha hecho visible.
El que ha creado la paz para los hombres,
el que ha revestido a Dareios, el rey,
de sabiduría divina y bondad.

Habla Dareios, el rey;
por voluntad de Ahuramazda soy yo de esta suerte;
lo que es justo amo;
odio la injusticia.
No es grato para mí
que el humilde padezca injusticia por causa del elevado,
no es grato para mí
el que el elevado padezca injusticia por causa del humilde.
Lo que es justo, esto me es grato.
Odio al adepto de Trug.
Yo no soy vengativo;
los que me encolerizan, a estos los detengo,
y yo soy señor de mi propia pasión.
Al que se esfuerza, lo premio según su mérito,
al que comete una falta, lo castigo según su mala acción.

Y las perfecciones de que me ha revestido Ahurmazda
—y yo he conseguido ampliarlas—,
por la voluntad de Ahuramazda he hecho algo,
lo he hecho gracias a estas perfecciones
de que me ha revestido Ahuramazda.

Asirios y babilonios

Hacia el año 2000 a. de C. irrumpieron en el país de Mesopotamia varias oleadas de grupos semitas que fundaron pequeños estados. Una dinastía de Canaán adquirió predominio. Erigió su capital en Babilonia y su príncipe más importante fue Hammurabi (hacia 1700 a. de C.) el primer rey que logró unificar el país. Este rey puso a su dios, Marduk, al frente del panteón del que formaba parte la trinidad cósmica: Anu, dios del cielo; Enlil o Bel, dios de la tierra y Ea, dios de los abismos. Y una trinidad astral: Sin, dios de la luna; Shamas, dios del sol e Ishtar (Venus), estrella del alba o de la tarde.

Correspondiente a la supremacía de Marduk entre los babilonios fue la de Assur entre los asirios. Assur, el dios nacional, era un dios guerrero que se veneraba en la «casa de la montaña del mundo». Los asirios intentaron dar a este dios un valor universal.

Himno a Shamas

El que disipa la oscuridad e ilumina el cielo,
y aquí abajo y allá arriba aniquila la maldad,
dios Shamas; el que disipa la oscuridad e ilumina el cielo,
y aquí abajo y allá arriba aniquila la maldad;
tu resplandor recubre la tierra como una red,
la tierra y los montes gigantes y las olas del mar.
Todos los príncipes se alegran de mirarte,
y en el cielo, los dioses todos te celebran.
A la luz de tu resplandor perciben tu secreto.
Seguro es su paso a la luz de tu resplandor.
Sus ojos están fijos en su magnificencia;

tu fuego incendia los cuatro campos del cielo.
Abiertas están sus puertas todas
y tú aceptas las ofrendas de todos los dioses del cielo.
Cuando sales, te adoran los dioses de las profundidades,
los dioses cuyo tormento se escucha ante Shamas.

Himno a Ishtar

¡Oh antorcha que ilumina cielos y tierra,
esplendor de todos los países,
rabiosa en tu ataque irresistible,
poderosa en la lucha!

Fuego desatado contra los enemigos,
fuego que aniquilas el horror,
que los haces palidecer de espanto
cuando apilas las tropas.

Diosa de los hombres y diosa de las mujeres,
diosa de decretos insondables;
cuando lo miras, cobra vida el muerto,
se alza el enfermo;
el extraviado encuentra su camino
cuando ve tu faz.
A ti te invoco yo, tu siervo, el acosado,
el torturado por el dolor.
Mírame, señora; acepta mi súplica,
mírame y escucha mi plegaria.
Que se manifieste tu gracia y se aplaque tu ánimo;
tu gracia, para mi cuerpo débil, enfermo y trastornado,
para mi corazón atormentado, lleno de lágrimas y suspiros.

Poema de la creación del mundo
(himno a Marduk)

Marduk fue engendrado en las profundidades de Apsû,
en las sagradas profundidades Marduk fue engendrado.
Engendrado por Ea, su padre,
y por su madre, Daamkina, que lo lleva en su seno.

Diosas fueron las que lo amamantaron a sus pechos;
la nodriza que lo cuidó le infundió dones terribles;
su prestancia era majestuosa, y sus ojos resplandecientes;
viril en su estatura y púber desde niño.
Cuando Ea, su padre, lo veía,
su corazón se llenaba de júbilo y gozo.

Ea le confirió una divinidad en todo doble,
su talla superaba con mucho la de todos.
Sus proporciones eran increíblemente bellas,
el espíritu humano no puede comprenderlas y el ojo queda
                                        [deslumbrado.

Tenía dos pares de ojos y dos pares de orejas;
de sus labios, si los movía, salía fuego.
Para oír, le crecían dos pares de orejas,
y con otros tantos ojos lo veía todo.
Gigantesca su figura, más alta que los dioses,
de talla colosal y miembros enormes.
Mi hijo del corazón, ¡oh mi hijo del corazón!
¡un hijo del sol, un hijo del sol del cielo!
Altísimamente fuerte, su brillo era el de diez dioses,
lo divino y terrible lo envolvía con su resplandor.

Sumerios y acadios

Uno de los pueblos más antiguos y al mismo tiempo más importantes en la historia de la humanidad, es el de los sumerios y acadios que se asentaron en Mesopotamia, el país entre ríos. La influencia predominante ejercida por su religión fue decisiva durante milenios en la historia del Asia anterior. Los rasgos esenciales de las formas religiosas de Mesopotamia son: politeísmo, sincretismo, naturalismo y antropomorfismo.

Invocación a Ningirsu
para la santificación del templo

Una de las inscripciones de Gudea nos describe con gran abundancia de detalles la entrada de Ningirsu con toda su corte en un templo nuevo. La descripción de la solemnidad finaliza con esta invocación:

El templo que, como la gran montaña,
se alza al cielo;
el templo, cuyo pavoroso resplandor
cae sobre la tierra;
el templo, en que An y Enlil gobiernan
el destino de Lagash,
el que hace reconocer a los países
la majestad de Ningirsu,
el éninnun, constituido en el cielo y sobre la tierra,
¡Oh Ningirsu!, magnifícalo.

Súplica del rey Lugalzaggisi

Que Enlil, rey de los países,
exprese a An, su padre amado,
mi ruego de que añada vida a mi vida,
permita habitar los países en seguridad;
me dé abundantes guerreros,
tan numerosos como la hierba;
cuide de los rebaños del cielo,
mire con benevolencia al país;
que los dioses no modifiquen
el destino favorable que han escogido para mí.

Oración del príncipe Gudea

Que Ningirsu haga que den fruto
los grandes campos,
que haga crecer las aguas
de los canales y acequias de Lagash,
que haga resplandecer el trigo,
ponga peces en las charcas,
y plante juncos hermosos;
que construya la ciudad
y coloque las viviendas;
que se produzca mucho aceite;
que aminore las lágrimas de los ojos rebosantes,
y disminuya los lamentos del corazón doliente.

Invocación a los dioses de la noche

Ahora descansa el príncipe y su séquito,
en la choza y en el palacio reina el silencio.
El poder de su horror se extiende
al desierto y a la ciudad…
Destronados, los dioses del país,
el dios del rayo, Venus, el sol y la luna,
descansa largamente en el seno del cielo
y la noche está profundamente velada.
¡Venid, grandes dioses,
vosotros los nocturnos, vuestro camino está libre!…
¡Oh!, respondednos la verdad
a través de las entrañas del cordero que os hemos sacrificado.

Súplica del pecador para aplacar a la deidad

Que mi delito me sea perdonado,
y olvidados mis pecados,
abierto el camino y desatados los lazos;
que los siete vientos aventen mi suspiro.
Quiero arrancar de mí mi desdicha,
que el pájaro la lleve al cielo;
mi miseria, que el pez la lleve,
la corriente la lleve y la arrastren las aguas.
Hazme brillar como cordón de oro
y ser para ti como un metal precioso.
Arráncame a mi desdicha, salva mi vida…
y me despierto luego en el atrio y entro en el recinto sagrado.

CUARTA PARTE

Manifestaciones religiosas de Egipto, Grecia y Roma

Antiguo Egipto

Aparece cada vez más claro, cuanto más avanzan los estudios sobre el Antiguo Egipto, que la religión en la época faraónica era una amalgama de religiones de orígenes y procedencias distintas, y, en algunos casos, opuestos entre sí. Pero en la religión que ha llegado hasta nosotros a través de los templos, las inscripciones y los papiros, es decir la religión de la época faraónica, todas estas divergencias han sido ya superadas e integradas en un sistema coherente y conciliador.

Las deidades egipcias tienen distinta categoría: dioses locales, dioses cósmicos, dioses extranjeros, semidioses o genios, hombres divinizados, animales sagrados, dioses y genios malos. Los antiguos egipcios profesaron una doctrina monoteísta, posiblemente la primera de la humanidad históricamente documentada. Pero el monoteísmo fue una doctrina combatida y sólo se impuso durante un breve período (1372-1354 a. de C.). Akhenaton implantó la religión del Disco Solar como Dios único y universal y proscribió el culto de todas las demás divinidades. Después de Akhenaton en algunos himnos de la dinastía XIX se insinúa un cierto monoteísmo, pero más parece una creencia en gestación que una doctrina consolidada.

El camino del pensamiento egipcio hacia el monoteísmo fue dificultoso y únicamente en la última fase de la civilización faraónica consiguió imponerse.

Himno al Sol

El autor de este himno es el faraón Amenofis IV, que reinó en Egipto 17 años, de 1375 a 1358 a. de C. En el sexto año de su reinado tomó el nombre de Akhenaton y fundó una nueva doctrina religiosa que suprimía todos los antiguos dioses egipcios y los sustituía por una religión monoteísta, que adoraba un solo Dios, esencia uniforme y primordial, indefinible y dispensador de la vida: Atón, cuyo símbolo era el Sol.

Prohibió que se representase en imagen al dios Atón. El himno al Sol está dirigido a la suprema energía que crea todas las cosas, al único creador. Está esculpido en varias tumbas de la necrópolis de Amarna.

«¡Hermoso brillas en la montaña luminosa del cielo,
tú, sol vivo, el que primero comenzó a vivir!
Cuando empiezas a brillar en el cielo de Oriente,
llenas todos los países con tu belleza.
Eres bello y poderoso, resplandeciente
y alto sobre la tierra.
Tus rayos envuelven los países hasta el último extremo de tu
[creación.
Lejano estás, pero tus rayos caen sobre la tierra.
Estás a la vista de los hombres,
pero no es posible reconocer tu camino…»
«¡Qué numerosas son tus obras!
Están ocultas a la vista de los hombres;
tú, dios único, junto al que no hay ningún otro.
Tú has creado la tierra;
tú, único y solo, según tu pensamiento,
con hombres, con rebaños
y con toda clases de animales.
A los pueblos extranjeros,
a Siria y Etiopía, y al país de Egipto,
a todos diste un lugar
y para todos creaste lo que necesitaban.
Lejos de la tierra hiciste el cielo para resplandecer en él,
para ver todo lo que tú, único, has creado;
para ver, cuando brillas en tu figura como sol vivo,

luminoso y radiante, lejano y próximo.»
«De ti, del uno, has hecho millones de formas,
ciudades, lugares, campos, caminos y ríos.
Cuando has desaparecido y todos los ojos duermen…,
sigues estando en mi corazón.
No hay ningún otro que te conozca,
sino sólo tu hijo Wa-en-Ra;
a él le hiciste saber tus planes y tu poder.»

El alma en el día del juicio

> También del *Libro de los muertos* esta fórmula para comparecer en presencia del juez:

¡Mi corazón de mi madre, mi corazón de mi ser! No te levantes como testigo contra mí, no me contradigas ante el tribunal. No hagas ante el que pesa que la balanza se incline contra mí… ¡Ojalá seamos buenos, buenos para el que interroga, buenos para el que juzga! No pienses en mentiras contra mí en la presencia de Dios, del gran dios, del señor de Poniente.

Himno a Amón

> Se trata de un himno perteneciente a la época de Ramsés II.

«El nacido en un principio, Amón,
el primero de los nacidos, cuya esencia no se conoce.
Ningún dios nació antes que él,

No tuvo madre que le diera su nombre,
ni hubo junto a él otro dios que le hubiera dicho su figura,
padre que lo engendrara y le dijera: «Esto soy yo»
Él hizo su propio huevo;
él, poderoso, de misterioso nacimiento,
él creó su propia belleza, el dios divino nacido de sí mismo;
y todos los otros dioses nacieron
sólo después de que él hubo hecho el principio.»

«El dios de la secreta esencia y forma luminosa,
dios maravilloso con muchas formas de aparición.
Todos los dioses lo celebran para vanagloriarse de su belleza,
pues es tan divino.
Ra (el dios del sol) está corporalmente unido a él;
él es el grande que habita en Heliópolis.
Se le llama Tenen (= Ptah) a Amón,
el que salió del océano, porque conduce a los hombres.

Los ocho dioses primordiales son otra figura de él,
del creador de los primitivos, del que formó al dios solar Ra,
que se perfeccionó como Atum, un cuerpo con él.»

«Él es el corazón del universo.
Su alma, se dice, está en el cielo;
él está también en el mundo inferior
y al frente del Este…»

«Uno es Amón, el oculto,
el que se esconde de ellos,
el que se mantiene escondido de los dioses
para que no conozca su esencia.

Ninguno de los dioses conoce su verdadera figura,
su imagen no se representa en los libros
y sobre ella no se da ningún testimonio.
Pues él es demasiado misterioso,
como para que fuera posible descubrir su esencia,
demasiado grande como para que fuera posible
                                [comprenderle,
demasiado poderoso como para que fuera posible
                                [conocerle.»

Himno a Amón Ra

    Escrito en torno al año 1450, en la época anterior, por tanto,
    a Amenofis III, padre de Akhenaton.

«¡Oh Ra!, adorado en Karnak (Tebas),
grande en apariciones en la casa de los obeliscos;
tú de Heliópolis, rey y señor de todos los dioses.
Halcón que habita en el país de la luz,
jefe de los hombres,
el que oculta su nombre a sus hijos,
como dice el nombre Amón.»

«El amor a ti se ha extendido por los dos países;
tus rayos salen de tus dos ojos;
beneficias a los hombres cuando sales,
debilitas a los animales cuando brillas.
Tu bondad gana los corazones
y el amor a ti desarma los brazos...»

«Tú eres el único, el que lo creó todo,
el Uno-Único, que hizo nacer lo que existe.
Aquel de cuyos ojos brotaron los hombres (sus lágrimas),
aquel de cuya boca nacieron los dioses.
El que creó el pasto para alimento de los rebaños,
y los árboles frutales para los hombres.
El que creó aquello de que los peces viven en el río,
y los pájaros bajo el cielo.
El que da aire al huevo y nutre al pequeño gusano.
El que creó aquello de que viven los mosquitos,
los gusanos y las moscas,
aquello que los ratones necesitan en sus agujeros,
y los pájaros en todos los árboles.
Alabanza a ti, que lo has creado todo;
tú único entre todos, de múltiples manos.
El que vigila la noche cuando todos duermen
y busca lo mejor para su rebaño.
Amón, el que está en todas las cosas;
Atum, Horus de la montaña de luz.
¡Alabanza a ti! dicen todos;
adoración a ti, que te esfuerzas por nosotros.
Gracias a ti, que nos has creado.
Salve a ti, dicen los animales salvajes;
adoración a ti, grita la tierra toda;
adoración hasta el alto cielo,
hasta la ancha tierra, hasta el profundo mar.»

«Ante ti se inclinan los dioses
y magnifican la fuerza de su creador.
Gritan de alegría cuando ven aproximarse al que los ha
[engendrado,

y te dicen: ¡Bienvenido seas en paz,
tú padre de los dioses todos!
El que levantó el cielo y extendió la tierra,
el que hizo lo que es y creó lo que existe.
Tú, rey y cabeza de los dioses,
alabamos tu fuerza, pues tú nos has creado;
te veneramos, pues tú nos has hecho;
cantamos tus alabanzas, porque te esfuerzas por nosotros.»

Himno de Akhtoes II

>En 1914 se encontró el fragmento de un texto que su editor, Gardiner, calificó de «quizás el primer pasaje monoteísta y con toda seguridad uno de los más notables de este género». Se trata de las admoniciones que transmite Akhetoes II de la X dinastía, que reinó entre los años 2150 y 2100, a su hijo como testamento espiritual. Las admoniciones terminan con el siguiente himno:

«¡Que bien protegidos están los hombres,
el rebaño de Dios!
Para su placer ha creado Él el cielo y la tierra,
Él ha domeñado la fuerza del agua primordial;
para su olfato ha creado el hálito de la vida.»

«Ellos son su propia imagen, nacidos de su carne.
Para su placer aparece en el cielo y viaja por él para mirarlos;
para ellos ha creado las plantas y los animales;
los pájaros y los peces, para alimentarlos.»
«Él derrotó a sus enemigos y aniquiló a sus propios hijos,
que pensaron rebelarse contra él.

Ha edificado un santuario en torno a ellos
para su protección y cuando lloran los oye.
En el seno de las madres creó a los monarcas,
sus señores, para que protegieran la espalda de los débiles.»

«Como arma para conjurar la desgracia
les dio la magia, el día y la noche, y los sueños.
¡Cómo ha quebrantado entre ellos al delincuente,
de corazón obstinado!
Como un hombre corrige a su hijo
por amor al hermano de este.
Ved, Dios conoce todos los hombres.»

Inscripción sepulcral

> Esta inscripción de una tumba del Imperio Nuevo nos ofrece una detallada descripción de las creencias egipcias en el trasmundo. La religión egipcia es, entre las religiones antiguas, la que nos ha legado un testimonio de fe más grandioso en la vida del más allá:

Tú entras y sales, alegre tu corazón
con las recompensas del señor de los dioses.
Tú te conviertes en un alma viviente.
Tú dispones de pan, agua y aire.
Tú te transformas, según tu deseo, en un fénix o en una
                                           [golondrina,
en un halcón o en una garza.
Tú te sientas en una balsa
y nada te lo impide,
navegas sobre el río, allí donde hay agua.

Vives de nuevo y tu alma no se separa de tu cuerpo.
Tu alma es un dios en compañía de los transfigurados
y las almas excelsas hablan contigo.
Tú permaneces entre ellas y recibes lo que se da en la tierra.
Tú tienes agua y aire y abundancia de lo que deseas.
Ojos te han sido dados para ver, y oídos para oír lo que
[se habla.
Tu boca habla, tus piernas andan, tus manos y tus brazos
[se mueven.
Tus carnes crecen; tú te sientes bien en tus venas
y en todos tus miembros.
Tú posees un verdadero corazón y tu antiguo corazón
[te pertenece.
Tú asciendes al cielo y todos los días se te invita a la mesa
[de Wenennofer.
Tú recibes los alimentos que le son ofrecidos
y las ofrendas del señor de la necrópolis...
Tú comes el pan junto al gran dios,
en la escalera del señor de la enéada divina.
Acudes allí y haces amistad
con los adoradores de Horus (los héroes de la época
[primitiva).
Asciendes y desciendes y nada te detiene.
En la puerta del *duat* (morada de los bienaventurados)
[no se te rechaza,
los batientes de la puerta del país de la luz se abren para ti;
ante ti los cerrojos se abren por sí mismos.
Tú entras en la sala de las dos verdades
y el dios que está allí te saluda.
Te sientas en el centro del reino de los muertos
y entras en la ciudad del Nilo.

Te alegras cuando labras en tu parte del campo de los juncos
y tu cosecha, hecha de trigo, viene a ti...
lo que tú necesitas, que brota para ti gracias a tu trabajo.
Todas las mañanas sales y todas las tardes regresas.
Todas las noches se enciende una lámpara en tu casa
hasta que el sol brilla sobre tu cuerpo.
En esta casa tuya de los vivientes (sepulcro)
se te dice: «¡Bienvenido! ¡Bienvenido!»
Tú miras a Ra en la montaña de luz del cielo
y ves a Amón cuando sale.
Tú te despiertas al llegar el día y todo lo malo está lejos de ti.
Tú atraviesas la eternidad con alegría
y con la alabanza del dios que está en ti...»

Justificación del alma ante el juez eterno

> En el *Libro de los muertos,* capítulo 124, se encuentra esta descripción de un juicio y la justificación del alma ante el gran juez:

«Lo que se ha de decir cuando se llega a la sala de las dos verdades y hay que purificarse de todo mal, lo que se ha de hacer para mirar la faz de los dioses que están en ella:

¡Salve a ti, gran dios, señor de las verdades! Yo he venido a ti, mi señor; he sido conducido a ti para mirar tu belleza. Yo te conozco y conozco los hombres de los cuarenta y dos dioses que están junto a ti en esta sala de las dos verdades, que viven de los malhechores, y en aquel día en que estos rinden cuentas ante Wenennofer, beben su sangre. Mira, yo vengo a ti, yo te traigo la verdad y ahuyento los pecados: No he cometido ninguna injusticia contra los hombres, ni he hecho desgraciadas a las gentes. No he cometido ningún pecado en el lugar de la verdad... No he hecho nada de lo que Dios aborrece. No he hecho mal a los súbditos ante sus superiores. No he hecho pasar hambre. No he hecho llorar. No he asesinado. No he ordenado asesinatos. No he causado dolor a nadie. No he disminuido los alimentos en los templos. No he disminuido los pasteles ofrecidos en sacrificios a los dioses. No he quitado los panes de los transfigurados. No he cometido adulterio. No he incurrido en ninguna impudicia en el sagrado recinto del dios de mi ciudad. No he hecho más grande ni más pequeña la medida de los áridos. No he hecho más pequeña la medida de los campos. No he hecho más pesados los pesos de la balanza. No he quitado la leche de la boca del niño. No he capturado los pájaros de los dioses. No he pescado los peces en sus pantanos. No he detenido en su tiempo el agua de la inundación. No he represado el agua corriente. No he apagado el fuego en su hora... ¡Soy puro! ¡Soy puro! Mi pureza es la del gran fénix de Herakleópolis.»

Recomendaciones de Anii a su hijo

Duplica el sustento que das a tu madre
y señala la ración para ella,
como ella señaló la tuya.
Muchas penas ha padecido ella por ti...
Cuando, cumplidos tus meses, naciste,
te llevaba sobre su espalda
y durante tres años estuvo su pecho en tu boca.

Ella no sentía repugnancia ante tus inmundicias
y no se decía: «¿Qué es lo que hago aquí…?»
Si hoy tienes tu hogar,
recuerda cómo tu madre te dio a luz
y te crió en todos los demás.
No le des ocasión de quejarse,
para que no levante sus manos a Dios
y Él escuche su invocación.

Grecia y Roma

Se ha dicho que en las religiones griegas el fango oculta las perlas. No todo es fango y tinieblas en la vieja Hélade. Si es cierto que el paganismo es precursor, prepara los caminos del Evangelio, no lo es por sus deficiencias, su indigencia, su «sobrenaturalidad en el vacío» o, según expresión del *Timeo* de Platón, por la miseria de un mundo del que Dios está ausente... Dice Clemente de Alejandría que la filosofía fue para los paganos una «pedagoga», una maestra. El Renacimiento llegará más lejos todavía y considerará a Platón «uno de los muchos santos que faltan en el calendario cristiano». Clemente de Alejandría, sin canonizar a los filósofos griegos, los vinculará al Evangelio y a san Pablo: «Epicteto, Marco Aurelio, Posidonio, Aristóteles y Platón, siguen cada uno su propio camino. Pero la meta es siempre la misma: Dios».

El culto de los romanos presenta dos formas esenciales: plegaria y sacrificio. Pero las plegarias que han llegado hasta nosotros no contienen ningún fervor místico. Todas las peticiones encierran un carácter material: salud, prosperidad, fecundidad, victoria, etc.

Himno de Cleantes a Zeus

A ti obedece el universo, que evoluciona
alrededor de la tierra.
Lo llevas a donde te place,
y él se somete a tu poderío.
Empuñas también, dócil en tus manos,
como espada de doble filo,
el rayo ardiente y eternamente vivo.
La naturaleza entera, alcanzada por él,
se estremece y pasma.

Con él gobiernas conforme a una ley universal,
que periódicamente se manifiesta en todos los seres,
mezclando el grande con el pequeño.
Oh Zeus bienhechor,
dueño de las negras nubes y del rayo,
libra a los hombres de su funesta ignorancia.
Oh padre, aléjala de su alma,
hazlos partícipes de la razón
que descansa en ti,
y en cuya virtud
gobiernas con justicia el mundo.

Cántico a Zeus

> Esquilo nos transcribe este himno en el que canta la grandeza insondable de Zeus.

Oh Zeus, ignoro tu nombre.
Pero he medido todas las cosas,
y a Zeus sólo puedo compararlo con Zeus...
No es fácil penetrar los designios de Zeus.
Pero de repente resplandece
por todas partes en medio de las tinieblas...
Las rutas del pensamiento divino
van hacia su objetivo
por espesas y densas tinieblas
que ninguna mirada es capaz de penetrar...

Himno a Poseidón

> Este himno se encuentra en *Edipo en Colonna* de Sófocles. Poseidón es el dios del mar y las tempestades, que en la mitología romana se convertirá en Neptuno.

Proclamaré lo que constituye la gloria de nuestro país.
Un gran dios nos ha colmado de favores.
Nos ha concedido doble motivo para enorgullecernos:
la belleza de nuestros caballos y de nuestros potros,
y el esplendor del imperio de los mares.
Oh hijo de Cronos, rey Poseidón,
tú elevaste a Atenas hasta el pináculo,
tú inventaste la brida que doma nuestros caballos,
y también inventaste, en otra ocasión, esta maravilla,
el remo ágil que, en manos de nuestros marineros,
hace volar sobre las aguas nuestras galeras
raudas como bandada de hijas de Nerea.

A la madre de los dioses
(himno órfico)

A la madre de los dioses
ofrezcamos perfumes variados.
Oh venerable madre de los dioses inmortales
que nutre todas las cosas,
atiende, oh augusta diosa, oh reina, nuestras plegarias;
tú que unces los leones, matadores de toros, al carro veloz,
oh santa y honorada soberana del ínclito pueblo,
tú que estás sentada en el trono,

en el centro del mundo y posees, por tanto, la tierra,
y a los mortales concedes alimentos delicados.
De ti nació la estirpe de los dioses inmortales y de los dioses
[mortales,
dóciles te obedecen los ríos y el infinito mar,
oh celebrada Hestia: a ti, dispensadora de felicidad,
acudimos para que concedas a los mortales todos los bienes.
Acude al rito, oh santa, tú que gustas del retumbar
[de los címbalos,
tú que todo lo gobiernas, salvadora de Frigia,
[esposa de Cronos,
hija de Urano, fuente inspiradora de vida,
desciende alegra y benigna a las almas devotas.

A las nubes (himno órfico)

A las nubes
mandamos perfume de mirra.
Nubes aéreas, que alimentáis los frutos y erráis por los cielos,
fuentes de las lluvias, hostigadas por los vientos del mundo,
tronantes, relampagueantes, ruidosas, cargadas de aguas
[sonoras,
terriblemente acosadas por los cielos,
despedazadas por los tumultuosos vientos,
os pido: venid ahora, con abundancia de lluvia apacible,
al soplo benigno del céfiro,
y a la tierra madre conceded agua fecunda.

A Higieia

> Himno de Arifrón e Higieia, una de las hijas de Esculapio, diosa de la salud. Su fecha aproximada: finales del siglo IV.

Higieia, venerable para los mortales entre todos los bienaventurados, que pueda yo vivir contigo el resto de mis días, y puedas tú, benévola, asistirme. Porque si los hombres encuentran solaz en las riquezas, alegría en los hijos, goce en el poder real que los iguala a los dioses, deleite en los deseos que extraemos de las redes secretas de Afrodita, si existe algún otro goce que concedan los dioses a los hombres, para expansión de sus penas, de ti, bienaventurada Higieia, y de las Gracias dimanan; nadie sin ti es dichoso.

A Helios, Rey

> Plegaria del Emperador Juliano en ocasión de las fiestas dedicadas a Helios Rey.

Que los dioses dominadores, y sobre todo Helios, Rey universal, me concedan celebrar y santificar estas fiestas. Desde la eternidad procede de la substancia generadora del bien; reside en medio de los dioses dotados de inteligencia, que a su vez están en una posición intermedia; está dotado de cohesión, de belleza infinita, de exuberante forma generadora, de perfecta razón, de todos los beneficios sin excepción ni límites en el tiempo; también ahora ilumina su propia sede visible que se mueve desde la eternidad formando el centro visible de todo el cielo; todo el mundo visible participa de su belleza inteligible; ha poblado el cielo de una tan grande multitud de dioses, cuantos son los que intelectualmente puede comprender, dioses indivisiblemente multiplicados a su alrededor y, no obstante, vinculados uniformemente a él; tiene unida la región sublunar con el vínculo de la generación perpetua y de los beneficios que proceden de los cuerpos celestes; provee en general a todo el género humano, y en particular a nuestra ciudad y, además, desde la eternidad, ha llamado a la existencia a nuestra alma divina, designándome su seguidor.

Dígnate concederme todo lo que te he pedido; dígnate, en tu benignidad, ser guía de todo el estado, y, hasta lo posible, asegúrale la eternidad.

Y a mí en particular, mientras me conserves la vida, concédeme prosperar en los negocios humanos y divinos, vivir consagrado al bien del estado, hasta que a ti te plazca, me sea útil a mí y conveniente al bien de los romanos...

Te ruego, pues, Helios Rey universal, por tercera vez, que en premio a mi celo, me otorgues tu gracia, una vida buena, un saber más perfecto, una mente inspirada, y, en el momento oportuno y de la forma más suave, la separación de esta vida establecida por el destino.

Suba yo hasta ti y more a tu vera, tal vez por la eternidad, mas, si ello fuera demasiado, dados los méritos de mi vida, al menos por muchos y largos períodos de años.

QUINTA PARTE

Espíritu religioso de la América precolombina

Aztecas

Las principales religiones de la América precolombina eran: la azteca, en Méjico, la maya, en Guatemala y Yucatán y la inca en el altiplano peruano.

La constante expansión del imperio por medio de guerras y alianzas tuvo como consecuencia el que la religión de los aztecas fuera una grandiosa síntesis de distintas religiones tribales, un panteón sostenido por un cuerpo sacerdotal organizado.

Himno de la fiesta de acción de gracias por las cosechas

La flor de mi corazón se ha abierto.
He aquí el Señor de la medianoche.
Ha llegado nuestra Madre, ha llegado
Ella, la Diosa Tlazolteotl.

Ha nacido el Dios del maíz,
en el paraíso de Tamoanchan,
en el lugar en que crecen las flores,
Él, que se llama «Ramo de Flores».

Ha nacido el Dios del maíz,
en el jardín de lluvia y de niebla,
allí donde se crean los hijos de los hombres,
allí donde se pescan peces de jade.

He aquí el día, apunta la aurora,
los pájaros quetzal liban
en el lugar en que brotan las flores.

Rito del baño del recién nacido

> Antes del baño. La matrona invoca a la Diosa de las Aguas, Chalchiuhtlcue:

¡Oh, águila; oh, tigre; oh, valiente nieto mío!
Tú has llegado a este mundo, adonde el Gran Señor y la Gran Señora, Padre y Madre tuyos, te han enviado. Fuiste creado y engendrado en tu casa, que es la morada de los Dioses supremos, del Gran Señor y de la Gran Señora, que están sobre los nueve cielos. Únete ahora a tu Madre, la Diosa de las Aguas, que se llama Chalchiuhtlcue y Chalchiuhtlatonac.

> Mientras la matrona hace probar el agua al recién nacido, humedeciéndole con los dedos la boca:

¡Toma, recibe!
Con esto has de vivir sobre la tierra; esto te hará crecer y te hará fuerte. Esta es el Agua con que nos sustentamos, ¡gracias a Ella obtenemos las cosas necesarias que nos hacen vivir sobre la tierra! ¡Recíbela!

> Mientras la matrona vierte el agua sobre la cabeza del recién nacido:

¡Oh, nieto mío; oh, hijo mío! Recibe y toma el agua del Señor del Mundo, el Agua que es nuestra vida, que hace crecer y vigoriza el cuerpo, y sirve para lavar y purificar. Ruego que esta agua celestial azul, azul claro, entre en tu cuerpo y en él viva. Ruego que destruya y aleje de ti toda adversidad y todo mal que hayan sido conjugados contra ti desde el principio del mundo, porque nosotros, los hombres, estamos confiados a Sus manos, siendo Ella nuestra madre Chalchiuhtlcue.

<blockquote>Levantando con ambos brazos el recién nacido hacia el cielo, tras de haberle hecho tocar la tierra, sobre la cual se deposita:</blockquote>

Señor, he aquí esta criatura vuestra, que habéis enviado en este lugar de dolor, de aflicción y de penitencia que es el mundo. Concededle, Señor, vuestros dones y vuestra inspiración, porque vos sois el Gran Dios. Y que con vos los conceda la Gran Diosa.

<blockquote>Levantando el recién nacido hacia el cielo por segunda vez:</blockquote>

Señora, vos que sois Madre de los cielos y os llamáis Citlatonac, y también Citlalicue; a vos se dirigen mis palabras y mis invocaciones. Os ruego imprimáis, deis e inspiréis a esta criatura vuestra la misma virtud que a vos os adorna.

<blockquote>Levantando al recién nacido por tercera vez:</blockquote>

¡Oh, Señores Dioses, Diosas Celestes que estáis en lo alto! He aquí esta criatura: dignaos infundirle e inspirarle vuestra virtud y vuestro hálito para que tenga vida en la tierra.

Levantándolo por cuarta vez:

Señoras Sol y Tlalteculti, que sois nuestra Madre y nuestro Padre, ved esta criatura que es como un pájaro rico en plumaje, al igual que el zacuan o el quetzal. Es vuestra, y he decidido ofrecerla a vos, Señor Sol, que os llamáis también Tonametl y Xipilli, y Quauhtli y Ocelotl, como tigre manchado de castaño y negro, bravo en la guerra. Pensad que ésta es una criatura vuestra, que pertenece a vuestra casa y a vuestro patrimonio; que fue creada para serviros y ofreceros comida y bebida. Pertenece a la familia de los soldados y de los combatientes que se baten en el campo de batalla.

La religión maya

Los mayas del Yucatán tenían una sola divinidad suprema: *Hunabku*. La plegaria que presentamos a continuación, traducida por Villacorta-Rodés, revela un concepto espiritual de la divinidad.

¡Oh, Hurakan! ¡Oh, Corazón del cielo y de la tierra!

¡Eres Tú quien da la virtud y la felicidad! ¡Tú quien nos da nuestros hijos! ¡Dirige hacia nosotros tu rostro! ¡Danos el esplendor y la belleza del día! ¡Da el ser y la vida a nuestros hijos para que crezcan; para que conserven y alimenten nuestra fe; para que nuestra fe sea proclamada en las calles, en los campos, en las orillas de los ríos, en las *barrancas,* bajo los árboles y los emparrados!

¡Concédeles hijos e hijas! ¡No permitas que sufran males ni enfermedades! ¡No permitas que los malos los engañen en Tu presencia! ¡No permitas que vacilen y se lastimen; que se conviertan en fornicadores o criminales; que caigan durante las marchas o desde lo alto del camino; que sean presa de cualquier trampa tendida para ellos! ¡Enséñales a andar por caminos limpios y abiertos, libres de los ataques y los maleficios de los hechiceros, libres de la acción de los malos espíritus!

¡Protégelos en la prosperidad! ¡Haz que en sus pensamientos conserven y preserve Tu fe, Tu palabra y Tu presencia! ¡Oh, Corazón del cielo; oh, Corazón de la tierra; oh, Majestad; oh, representante de Tohil, de Awilish y de Hakawits, que llenan el cielo y la tierra de lo que está manifiesto en la tierra y lo que está escondido en el cielo, única luz y única existencia que señala la realidad de Tu palabra ante las tribus! ¡Oh, Dios!

SEXTA PARTE

Judaísmo

Antiguo Testamento

La religión del Antiguo Testamento es la religión del pueblo de Israel. Pero hay dos razones que dan un relieve singular al Antiguo Testamento: la primera es que la religión del pueblo de Israel es la única en el mundo antiguo que presenta un monoteísmo que tiene una acción conformadora sobre un pueblo entero, y, segunda, que esta religión es la etapa previa de la religión universal cristiana, en la que encuentra su consumación y perfección orgánica. Es decir: constituye, junto al Nuevo Testamento, la Biblia, el «Libro» por excelencia para gran parte de la humanidad, cuya influencia a través de la historia ha sido decisiva; libro considerado por todo el mundo cristiano como fuente de sus creencias, inspiración de su vida espiritual, como palabra de Dios.

Oración de Isaías

La senda del justo es recta;
derecha es
la vereda por donde el justo camina.
Y por la senda de tus juicios
hemos puesto
en ti, ¡oh Señor!, nuestra confianza;
todo el deseo de nuestra alma se cifra
en traer a la memoria tu nombre.
Mi alma te deseó en la noche;
y mientras
haya aliento en mis entrañas,
me dirigiré a ti desde que amanezca.
Cuando habrás ejecutado tus juicios en la tierra

entonces aprenderán la justicia los moradores del mundo.
Téngase compasión del impío,
y no
aprenderá la justicia:
en la tierra de los
santos ha cometido él la maldad,
y no verá
la gloria del Señor.
Levanta, ¡oh Señor!, tu mano,
y no la vean ellos; pero al fin la verán
los que envidian a tu pueblo,
y quedarán
confundidos;
y serán devorados del fuego tus enemigos.
Señor, tú nos das la paz,
porque
todas nuestras obras tú nos las hiciste.
¡Señor Dios nuestro!, hemos tenido
otros amos fuera de ti que nos han dominado:
haz que de ti sólo y de tu nombre nos acordemos.
No vuelvan a vivir los que murieron ya;
ni resuciten los gigantes:
que por eso
tú los castigaste y los exterminaste,
y borraste del todo su memoria.
Haz crecer a tu pueblo, Señor,
hazlo crecer; da gloria a tu nación;
extiende los límites del país.
En la aflicción, ¡oh Señor!, te hemos buscado,
la angustia y la opresión
son el castigo que nos han impuesto.

Como la que concibió da gritos,
acongojada con los dolores del parto
que se acerca, tales somos nosotros,
¡oh Señor!, delante de ti.
Concebimos y sufrimos como dolores de parto,
y no hemos parido nada;
mas no hacemos en esta tierra obras saludables,
y por esto, no nacen sus nuevos moradores.
Tus muertos, Señor, tendrán vida;
resucitarán sus cadáveres;
despertaos
y cantad himnos de alabanza,
vosotros
que habitáis en el polvo,
porque tu rocío es rocío de luz,
y la tierra
de los muertos parirá.

Isaías, 26, 7-19.

La misión de Jeremías

¡Oh Señor!, tú me sedujiste, y yo quedé seducido;
tú fuiste más fuerte que yo, y te saliste con la tuya;
yo soy todo el día objeto de tu irrisión,
todos hacen mofa de mí.
Porque ya tiempo hace que estoy clamando contra
[la iniquidad,
y anunciando a voz en grito: ¡Violencia, despojo!;
y la palabra del Señor no me acarrea
más que continuos oprobios y escarnios.

Y así me dije: No volveré más a hacer mención de ella,
y no hablaré más en nombre del Señor. Pero luego sentí
en mi corazón como un fuego abrasador
encerrado dentro de mis huesos; quise sofocarlo
y no tuve fuerzas para ello.
Oigo el cuchicheo de muchos:
Terror de todos lados. Delatadle, le delataremos.
Todos mis amigos espían mi tropiezo: Quizá sea seducido
y prevaleceremos contra él, y tomaremos de él venganza.
Pero el Señor, cual esforzado campeón, está conmigo;
                          [por eso caerán
y quedarán sin fuerzas aquellos que me persiguen;
quedarán sumamente avergonzados, por razón
                          [de su fracaso,
una perpetua ignominia que jamás se borrará.
Y tú, Señor de los ejércitos, que haces prueba del justo;
tú que disciernes los afectos interiores del corazón,
haz que yo te vea tomar de ellos venganza,
porque a ti tengo encomendada mi causa.
Cantad himnos al Señor, alabad al Señor;
porque él ha librado el alma del pobre
de las garras de los malvados.

Jeremías, 20, 7-13.

Oración de Azarías en el horno

Y andaban por medio de las llamas loando a Dios, y bendiciendo al Señor. Y Azarías, poniéndose a orar de esta manera y abriendo su boca en medio del fuego, dijo (Daniel, III, 26-45):

Bendito eres, ¡oh Señor, Dios de nuestros padres!,
y digno es de alabanza tu nombre, y glorioso por los siglos.
Porque justo es todo aquello que has hecho con nosotros;
y verdaderas son todas las obras tuyas, rectos tus caminos
y justos todos tus juicios.
Pues justos fueron los juicios tuyos
según los cuales hiciste recaer todas estas cosas
[sobre nosotros
y sobre la santa ciudad de nuestros padres, Jerusalén;
porque en verdad y en justicia enviaste todas estas cosas
[por causa de nuestros pecados.
Puesto que hemos pecado y obrado inicuamente,
apostatando de ti, y en todo hemos faltado.
Sin querer atender a tus preceptos, ni observarlos,
[ni guardarlos,
según habías dispuesto para que fuésemos felices.
Todo cuanto, pues, has enviado sobre nosotros,
y todo lo que nos has hecho, justísimamente lo has hecho.
Y nos has entregado en manos de nuestros malvados,
[perversos
y prevaricadores enemigos, y de un rey injusto y el peor
[de toda la tierra.
Y en esta sazón no podemos abrir la boca;
confusión y oprobio han caído sobre tus siervos aquellos
[que te adoran.
Rogámoste que por amor de tu nombre no nos abandonen
[para siempre,
ni destruyas tu alianza.
Ni apartes de nosotros tu misericordia,
por amor de Abraham, tu amado, y de Isaac, siervo tuyo,
[y de Israel, tu santo.

A los cuales hablaste, prometiéndoles que multiplicarías su
linaje como las estrellas del cielo, y como la arena que está
[en la playa del mar.
Porque nosotros, ¡oh Señor!, hemos venido a ser la más
[pequeña de todas las naciones,
y estamos hoy día abatidos en todo el mundo por causa de
[nuestros pecados.
Y no tenemos en este tiempo ni príncipe, ni caudillo,
ni profeta, ni holocausto, ni sacrificio ni ofrenda, ni incienso,
ni lugar donde presentarte las primicias,
a fin de poder alcanzar tu misericordia.
Pero recíbenos tú, Señor, contritos de corazón,
y con espíritu humillado.
Como recibías el holocausto de los carneros y toros,
y los sacrificios de millares de gordos corderos,
así sea hoy agradable nuestro sacrificio en presencia tuya:
puesto que jamás quedan confundidos aquellos
[que en ti confían.
Y ahora te seguimos con todo el corazón,
y te tenemos y buscamos tu rostro.
No nos confundas, pues, antes haz con nosotros según la
[mansedumbre tuya,
y según tu grandísima misericordia.
Y líbranos con tus prodigios, y glorifica, ¡oh Señor!,
[tu nombre,
y confundidos sean
todos cuantos hacen sufrir tribulaciones a tus siervos;
confundidos sean por medio de tu infinito poder,
y aniquilada quede su fuerza.
Y sepan que sólo tú eres el Señor Dios,
y el glorioso sobre toda la tierra.

Algunos salmos

VI

Endecha de David que cantó al Señor
con ocasión de Cus, benjaminita

En ti, Señor Dios mío, me refugio,
sálvame: de todos mis perseguidores, líbrame:
No permitas que alguno me arrebate, como león, el alma,
me despedace
y no haya quien me salve.
Señor mío y Dios mío, si tal hice,
si iniquidad mis manos manchan,
si fui causa de mal contra mi amigo,
yo que he salvado a quienes contra derecho y ley
                                  [me combatían:
Que a mi alma persiga el enemigo
y le dé alcance,
mi vida pisotee sobre el suelo y mi honor lleve el polvo.
Levántate, Señor, en tu ira ardiente,
yérguete contra la rabia de mis opresores,
y sal en mi favor en el juicio
que tienes convocado.
Rodéete la junta de naciones,
y tú siéntate en alto encima de ella.
El Señor es el juez para los pueblos:
Júzgame, tú, Señor, en mi justicia
y según la inocencia que me asiste.
Cese ya la maldad de los impíos y confirme al justo,
tú que corazones y riñón escudriñas, oh Dios justo.

Mi escudo es Dios,
el Dios que salva los corazones rectos.
Dios es juez justo
y Dios que conmina cada día.
Si no se convirtieren,
afilará su espada, tensará el arco, apuntará derecho.
Y les deparará mortales dardos:
hará de sus saetas fuego ardiente.
Mirad al que iniquidad ha concebido
y está preñado de malicia y pare embuste.
Una fosa cavó y la estuvo ahondando,
pero cayó en la fosa que él cavara.
Sobre su propia cabeza caerá su malicia:
Sobre su coronilla volverá de rebote su violencia.
Pero yo alabaré al Señor por su justicia,
y un himno entonaré al nombre del Señor, el Dios altísimo.

XII

¿Hasta cuándo, Señor?
¿Te olvidarás de mí de todo en todo?
¿Hasta cuándo esconderás de mí tu rostro?
¿Hasta cuándo revolveré dolores en mi alma,
pena en mi corazón diariamente?
¿Hasta cuándo sobre mí se alzarán mis enemigos?
¡Mira y escúchame, Señor, Dios mío!
Ilumina mis ojos,
no consientas me duerma yo en la muerte.
Y diga mi enemigo: Lo he vencido.
No exulten mis contrarios en mi ruina.

Ya que he puesto en tu misericordia mi esperanza.
Mi corazón exulte por tu auxilio,
y cante yo al Señor que me da bienes.

XXII

Hazme recostar en verdes pastos.
Condúceme a las aguas de descanso;
Refrigera mi alma.
Por senderos derechos me conduce,
por amor de su nombre.
Aun andando por barranco tenebroso,
no temo mal alguno, pues estás tú conmigo.
Tu vara y tu cayado me consuelan:
Me preparas una mesa, a vista de mis propios opresores;
se ungen con aceite mis cabellos;
mi copa es rebosante.
Siguiéndome vendrán clemencia y gracia,
todos los días de mi vida;
yo del Señor habitaré en la casa,
por tiempo largo, largo.

XLI

Como la cierva brama por las corrientes de agua viva,
así, Dios mío, a ti mi alma anhela.
Sedienta está mi alma del Dios vivo.
¡Ay! ¿Cuándo tornaré y veré a Dios la cara?

Mis lágrimas se han hecho ya pan mío noche y día,
mientras diariamente me repiten:
¿Dónde está ese Dios tuyo?
Lo recuerdo y derrítese dentro el alma mía:
¡Cómo iba yo entre gentes muchas y a la casa de Dios los
[precedía,
entre voces de júbilo y de gloria en cortejo festivo!
¿Por qué te abates, alma mía,
por qué en mí te alborotas?
Ten en Dios esperanza:
sí, nuevamente espero celebrarle,
salud que es de mi
faz y mi Dios solo.
Dentro de mí, mi alma está abatida,
por eso pienso en ti desde la tierra
del Jordán y el Hermón,
desde el monte Misar.
Una oleada llama a otra oleada
entre el fragor de tus cascadas;
todos tus torbellinos y olas todas
sobre mí han ya pasado.
De día denos el Señor su gracia,
y, por la noche, entre cantares,
al Dios alabaré que me da vida.
Digo a Dios: Roca mía, ¿por qué de mí te olvidas?,
¿por qué de duelo visto,
oprimido que soy del enemigo?
Mis huesos se quebrantan
mientras mis adversarios me baldonan
y a la continua me repiten:
¿Dónde está ese Dios tuyo?

¿Por qué te abates, alma mía?
¿Por qué en mí te alborotas?
Ten en Dios confianza:
sí, nuevamente espero celebrarle,
salud que es de mi faz y mi Dios solo.

L

Ten compasión de mí, oh Dios,
según tu gran misericordia:
según la multitud de tus piedades,
borra mi iniquidad.
Lávame enteramente de mi culpa;
de mi pecado purifícame.
Pues yo mi iniquidad la reconozco,
y mi pecado ante mis ojos está siempre.
Pequé contra ti solo
e hice lo que es malo en tu presencia.
Para que te manifiestes justo en tu sentencia
y sin reproche cuando juzgas.
Mira, en culpa he nacido,
y en pecado mi madre concibióme.
Mira, si la sinceridad del corazón te place,
tú enséñame sabiduría dentro de mis entrañas.
Rocíame con hisopo y seré limpio,
lávame y blanco quedaré como la nieve.
Déjame oír de gozo y alegría,
alégrense mis huesos triturados.
Aparta ya tu faz de mis pecados
y acaba de borrar mis culpas todas.

Crea, oh Dios, para mí corazón limpio,
y un espíritu firme en mí renueva.
No me eches de delante de tu cara,
ni retires de mí tu santo espíritu.
Vuélveme la alegría de tu gracia
y fortaléceme con espíritu magnánimo.
Yo enseñaré al impío tus caminos,
y a ti se volverán los pecadores.
Líbrame de la pena de la sangre,
oh Dios, oh Dios, salvador mío:
alégrese mi lengua en tu justicia.
Señor, mis labios abre,
y anunciará mi boca tu alabanza.
Porque no me es acepto el sacrificio,
y si yo un holocausto te inmolara,
tú no lo aceptarías.
Mi sacrificio, oh Dios, mi espíritu contrito:
un corazón contrito y humillado, tú, Dios,
no lo desprecias:
Obra, Señor, benignamente,
haz con Sión de tu bondad alarde,
y de Jerusalén edifica de nuevo las murallas.
Entonces aceptarás los puros sacrificios,
ofrendas y holocaustos;
entonces ofrecerán sobre tu altar novillos.

CXXIX

De lo hondo de mi pecho,
a ti clamo, Señor.

¡Señor, mi grito escucha!
Estén atentos tus oídos a la voz de mi súplica.
Si de culpas, Señor, memoria guardas,
¿quién podrá sostenerse en tu presencia?
Pero en ti está el perdón de los pecados,
porque con reverencia se te sirva.
Yo en el Señor espero,
en su palabra espera el alma mía.
Espera mi alma al Señor,
más que los centinelas la aurora.
Al Señor Israel espera.
Porque hay en el Señor misericordia,
y hay en su mano redención copiosa.
Él a Israel redimirá algún día
de todas sus iniquidades.

CXLIV

Yo quiero pregonarte, oh Dios, rey mío,
y bendecir tu nombre para siempre.
Yo te bendeciré los días todos,
y alabaré tu nombre para siempre.
El Señor es Dios grande
y digno por extremo de alabanza,
y no puede explorarse su grandeza.
Una generación predica a otra generación tus obras,
y tu poder anuncian a porfía.
De tu gloria magnífica
y de tu majestad nos hablan;
todos tus maravillas nos pregonan.

Y del poder nos dicen de tus obras espantables,
y nos refieren tu grandeza.
De tu grande bondad las olas cantan,
y regocíjanse de tu justicia.
El Señor es clemente y compasivo,
tardo en airarse y de piedad inmensa.
Sí, bueno es el Señor para con todos,
y compasivo con sus obras todas.
Celébrente, Señor, tus obras todas.
bendígante tus santos.
Digan la gloria al tu reino,
y tus proezas cuenten.
Y así conocer hagan tu poder
a los hijos de los hombres,
y la gloria esplendente de tu reino.
Tu reino es reino que dura por los siglos de los siglos,
y tu imperio por todas las edades.
Leal es el Señor en cuanto dice,
santo en todas sus obras.
El Señor, a todos los que caen los sostiene,
y a todos los postrados los levanta.
Las miradas de todos en ti esperan,
y tú les das que coman a su tiempo.
Tú les abres tu mano,
y hartas por tu bondad todo viviente.
Que justo es el Señor en todos sus caminos,
santo en todas sus obras.
Cerca el Señor está de todo el que lo invoca,
de todo el que lo invoca lealmente.
La voluntad hará de quien le teme,
su clamor oirá para salvarlo.

Guarda el Señor a todo el que lo ama,
pero hará perecer a todo inicuo.
La loa del Señor mi lengua diga,
y toda carne su nombre alabe para siempre.

CXLVIII

¡Aleluya!
Alabad al Señor desde los cielos,
loadle en las alturas.
Alabad al Señor, todos sus ángeles;
loadlo todos sus ejércitos.
Loadlo, Sol y Luna;
loadlo, estrellas todas refulgentes.
Loadlo, cielos de los cielos,
y las aguas que están sobre los cielos.
Loen el nombre del Señor,
pues Él mandó y creados fueron.
Él los ha establecido para siempre,
y por los siglos mandato dio,
que no será violado.
alabad al Señor desde la tierra,
los monstruos del mar y sus abismos.
Fuego y granizo, nieve y niebla,
el torbellino a su palabra dócil.
Todos los montes y collados,
los árboles frutales y los cedros todos.
Las fieras y los ganados,
los reptiles y pájaros alados.
Los reyes y los pueblos de la tierra,

los príncipes y jueces a una todos.
Los jóvenes a par de las doncellas,
los ancianos a una con los niños.
Todos el nombre del Señor alaben,
que sólo el nombre suyo es nombre excelso.
Su majestad supera tierra y cielo,
y él levanta la fuerza de su pueblo.
Para todos sus santos alabanza,
para los hijos de Israel,
el pueblo a él cercano. ¡Aleluya!

Liturgia israelita

Proclamación de la majestad de Dios

«El Eterno reina, el Eterno reinó, el Eterno reinará eternamente. El Eterno reina, el Eterno reinó, el Eterno reinará eternamente. Y el Eterno será el rey de toda la tierra. En este día, Dios será uno y su nombre será uno.

»Ven en nuestra ayuda, oh Eterno, nuestro Dios; reúnenos, libéranos y daremos gracias a tu santidad y nuestra felicidad será cantar tu alabanza. Alabado sea el Eterno, el Dios de Israel, de eternidad en eternidad, y que todo el pueblo diga: amén, aleluya. Que todo lo que respira alabe al Señor, aleluya.»

Proclamación de la unidad de Dios

«Que tu nombre grande y santo, oh nuestro rey y potente señor, sea para siempre glorificado en el cielo y sobre la tierra. A Ti Eterno, nuestro Dios y Dios de nuestros padres, nuestros cantos y nuestra adoración, nuestra alabanza y el son de nuestras arpas. A Ti pertenecen la grandeza y la potencia, la victoria, la gloria y la dominación. A Ti solo van nuestra bendición y nuestras acciones de gracias, hoy y para siempre jamás. Bendito seas, oh eterno, todopoderoso Señor, superior a todas las bendiciones, superior a todas las alabanzas, único digno de nuestras acciones de gracias, autor de toda maravilla, creador de todas las almas, dueño de toda cosa, que te dignas aceptar con bondad nuestros cantos melodiosos, rey todopoderoso y eterno, Vida de los Mundos. Amén.»

Oración de santificación

Sea engrandecido y santificado su nombre grande en el mundo que creó por su voluntad y que reine su reino, y florezca su salvación, y acerque su Mesías en nuestros días y en nuestra vida y en vida de toda la casa de Israel, y diréis: Amén. El nombre glorioso del todopoderoso sea alabado para siempre. Bendito, alabado, celebrado, exaltado, adorado, venerado, glorificado sea el nombre del Santo de los Santos. Bendito sea el nombre del que está por encima de toda bendición, de todos los cánticos, de todas las alabanzas que puedan ser expresadas en este mundo, y diréis: Amén.

Extracto de las 18 bendiciones

> Se repite tres veces. De pie, unidas las plantas, mano sobre el pecho y cabeza inclinada.

Señor mío, abre mis labios y mi boca proclamará tus alabanzas. Bendito seas, oh eterno nuestro Dios y Dios de nuestros padres, Dios de Abraham, Dios de Isaac y Dios de Jacob, Dios grande, poderoso y temible, Ser supremo, creador de todo, dispensador de bondades, que te acuerdas de las fidelidades de los Patriarcas y enviarás un liberador a sus descendientes por la gloria de tu nombre y la manifestación de tu amor, oh rey, nuestro salvador, nuestro protector y nuestro escudo. Bendito seas tú, oh eterno, escudo de Abraham.

Santo, Santo, Santo es el eterno Sebaoth. Toda la tierra está llena de su majestad, y uniéndose en sus alabanzas todos dicen: que la majestad del eterno sea alabada en su residencia. Y en las santas escrituras está dicho: el Señor reina eternamente. Tu Dios, Sión, reina de generación en generación. Aleluya.

Tú eres santo. Tu nombre es santo, y los santos te glorifican todos los días. Seas alabado eternamente Dios santo. Tú das la sabiduría al hombre, y tú guías la inteligencia de los mortales. Favorécenos, Señor, con el don de la sabiduría, de la inteligencia y de la perspicacia. Bendito seas tú, oh eterno dispensador de la sabiduría.

Vuélvenos a tu ley, oh Padre nuestro, aproxímanos a tu servicio, oh nuestro rey. Y haz que volvamos hacia Ti con sincero arrepentimiento. Bendito seas Tú, oh eterno, que te complaces con el arrepentimiento.

Perdónanos, oh Padre nuestro, puesto que hemos pecado. Haznos gracia, oh rey nuestro, porque te hemos ofendido, siendo tú Dios lleno de gracia y clemencia. Bendito seas, oh eterno, que por tu gran misericordia perdonas a menudo y por largo tiempo. Ve nuestra miseria, Señor, y toma nuestra defensa. Líbranos pronto en nombre de tu gloria, puesto que Tú eres Dios todopoderoso y libertador. Bendito seas, oh eterno y liberador de Israel.

Oh Dios mío, preserva mi lengua de calumnias y mis labios de duplicidad. Haz que mi alma esté tranquila delante de los malhechores y que en todas las ocasiones, ella sea humilde como el pueblo. Abre mi corazón a tu ley, y haz que mi alma persiga tus mandamientos. Ayúdame por amor de tu gloria, por amor de tu derecha, por el nombre de tu santidad. Protégeme y que tu derecha me proteja, que el que hace la parte en las alturas, Él, con piedad haga la paz sobre nosotros y sobre todo Israel. Amén.

Al levantarse

Dios mío, el alma que pusiste en mí es pura. Tú la creaste, Tú la firmaste, Tú la guardas dentro de mí y me la tomarás el día de mi muerte y me la devolverás el día de la resurrección. Todo el tiempo que esta alma animará mi cuerpo yo confesaré delante de Ti, oh eterno y Dios de mis padres, que Tú eres el soberano de todas las criaturas, el dueño de todas las cosas, el Señor de todas las almas. Bendito seas, oh eterno, que vuelves el alma a los muertos.

Oración de la mañana

Señor del Universo y Señor de los señores, no es por nuestro mérito, que es débil, que nos presentamos delante de Ti, sino basados y plenos de confianza en tu misericordia que es grande. ¿Qué somos nosotros, qué nuestra existencia, qué es nuestra caridad, nuestra virtud, nuestro poder, nuestra fuerza? Oh eterno, nuestro Dios y Dios de nuestros padres, ¿qué podemos decir delante de Ti, delante de quien los héroes son como polvo, los hombres famosos como si jamás hubieran existido, los sabios desprovistos de ciencia, los hombres de espíritu sin buen sentido? Y en verdad, la mayor parte de sus acciones son vanas, sus días fugitivos, puesto que todo es vanidad, salvo el alma, que es pura y que el día del juicio se deberá presentar delante de su trono glorioso para rendir cuenta de sus acciones.

Oración de la noche

«Oh, nuestro Padre, haz que nos acostemos sin inquietud y que nos levantemos llenos de vida y en paz. Oh nuestro rey, extiende sobre nosotros el pabellón de la paz, favorécenos con tus felices inspiraciones, socórrenos por amor de tu nombre y protégenos contra la persecución, la peste, la guerra, el hambre y la aflicción. Protege nuestra entrada en la vida y nuestra salida, y gratifícanos con la paz ahora y para siempre, puesto que tú eres nuestro guardián y nuestro salvador. Tú nos preservas de las angustias de la noche. Bendito seas tú, oh eterno, guardián de Israel para siempre. Amén.

Al acostarse

Señor del universo, yo perdono a todos los que me han ofendido y a todos los que han herido mis intereses y mi honor, los que me han dañado obligada o voluntariamente, por premeditación o ignorancia, con palabras o con hechos, sean estos israelitas o no, y es mi deseo que jamás nadie pueda ser castigado por mi culpa. Que sea un efecto de tu santa voluntad, oh eterno, mi Dios y Dios de mis padres, que no caiga en el pecado, y si he cometido faltas, bórralas por tu gran misericordia, y no me inflijas castigo severo.

Oración del sábado

Oh eterno nuestro Dios. Tú nos has amado con una gran ternura. Tú nos has preservado con un cuidado y una atención infinita, oh Padre nuestro y rey nuestro, por el amor de tu gran nombre, por el amor de nuestros antepasados que tanta fe tenían en ti, y a los cuales Tú enseñaste leyes inmortales para que te sirvieran con un corazón perfecto, sé para nosotros siempre bondadoso y dirígenos, oh Padre nuestro, fuente de toda misericordia. Ten piedad de nosotros, y da a nuestro corazón inteligencia y sabiduría para escuchar, aprender, enseñar, observar, ejecutar y cumplir con amor todas las palabras de tu santa ley. Mantén nuestro corazón fiel a tus mandamientos, que nuestros corazones sean siempre unánimes en nuestro amor y en nuestra veneración por tu nombre, y no seremos jamás humillados. Nosotros tenemos fe en tu nombre santo y potente; que tu misericordia, oh eterno nuestro Dios nos cubra sin cesar, que tu gracia infinita no nos abandone nunca. Quita el yugo que pesa sobre nosotros, cólmanos de bendiciones, recógenos de los cuatro rincones de la tierra, y restablécenos en nuestro país, puesto que tú eres todopoderoso para operar este milagro. Tú nos escogiste entre todos los pueblos. Tú nos aproximaste a Ti y Tú nos diste la santa misión de proclamar con amor tu verdad y tu unidad. Bendito seas. Tú, eterno, que en tu amor hiciste elección de tu pueblo Israel.

Extracto de la liturgia de bodas

Bendito seas Tú, eterno, rey de todo el mundo, que creaste el fruto de la vida. Bendito seas, oh eterno Dios, rey del universo que todo lo has creado para tu propia gloria. Bendito seas, oh eterno Dios, rey del universo, que creaste al hombre. Bendito seas, oh eterno, rey del universo, que creó al hombre a su imagen y lo hizo monumento para la eternidad.

Sión se alegrará cuando el eterno le devuelva a sus hijos. Bendito sea el eterno, que alegrará a Sión con sus hijos. Que esta pareja unida por los sentimientos más puros se alegre como Adán y Eva se alegraron en el Edén. Bendito seas, oh eterno nuestro Dios, que alegras a los casados. Bendito seas, oh eterno nuestro Dios, rey del universo, que creaste la alegría, el novio, la novia, el amor y la fraternidad, las delicias y los placeres, la amistad y la paz, oh Dios, nuestro Dios. Que pronto se oiga en las villas de Judá y en las calles de Jerusalén la voz de la alegría, la voz del novio, la voz de la alegría que precede a los recién casados cuando salen de su festín y la de los jóvenes cuando salen de los conciertos. Bendito seas, oh eterno, que alegras y haces prosperar a los recién casados. Rendid gracias al eterno, puesto que es bueno, su bondad es eterna. Que cesen los suspiros y la alegría se multiplique en Israel.

Inhumación del muerto

Tú eres Justo, oh eterno, y tus juicios están llenos de equidad. El eterno es justo en todas sus acciones y bienhechor en todas sus obras. Tu justicia es eterna y tu ley es perfecta, Señor. Los juicios de Dios son verdades entre los que hay una perfecta armonía, los derroteros del soberano universal son inmutables y ¿quién osaría decirle, por qué lo has hecho? Él solo es Dios y hace lo que cree debe hacer, ¿quién osaría oponérsele? Creador, sus actos son perfectos, sus caminos son justos. Él es el Dios de la fidelidad. Él es justo y leal. Su principio es verdad, sus sentencias son verdad, justicia y lealtad. Bendito sea el juez imparcial, cuyos juicios son justos y verdaderos.

Bendición Virmat kol-hay

> Según L. Ligier, de quien tomamos el texto, esta maravillosa bendición merece ser la «bendición del canto», tras el canto del Hallel, más que la usada por la tradición palestinense de Jahanan ben Nappahah (B. Pesachim, 118 a; Borakot, 59 b).

Que el alma de todo viviente bendiga tu nombre, Señor, Dios nuestro, y que el espíritu de toda carne celebre y exalte tu memoria, oh Rey, para siempre.

De eternidad en eternidad Tú eres Dios y fuera de Ti no hay rey que rescate ni salvador que libre y libere y alimente y se conmueva continuamente de toda angustia y desgracia. No tenemos otro rey que tú, Dios de los primeros y de los últimos, Dios de todas las criaturas, Señor de todas las generaciones, digno de ser celebrado por multitud de alabanzas, que gobierna el universo con ternura y misericordia.

El eterno no duerme ni se adormece. Él despierta a los dormidos, reanima a los somnolientos, unge a los mudos, libera a los prisioneros, sostiene a los abatidos.

A Ti, a Ti solamente rendimos homenaje.

Aun cuando nuestra boca estuviera inundada por el canto como el mar, nuestra lengua henchida por los himnos como la multitud de las olas, nuestros labios llenos de alabanza como la inmensidad del firmamento, aun cuando nuestros ojos brillaran como el sol y como la luna, y nuestras manos estuvieran extendidas como las águilas en los cielos, aun cuando fuesen nuestros pies ligeros como los ciervos, no daríamos abasto, Dios eterno, Dios nuestro y de nuestros padres, a darte gracias ni a bendecir tu nombre por uno solo de los millones de beneficios que nos concedes.

Tú nos has liberado de Egipto, Eterno Dios y nos has rescatado de la casa de la esclavitud. Nos has alimentado cuando el hambre y nos has hartado con abundancia. Nos defendiste contra la espada, nos preservaste de la peste y de las enfermedades malignas. Hasta ahora tu misericordia nos ha asistido siempre, tu ternura no nos abandonó. Ni nos abandone jamás. Los miembros que tú has distribuido en nosotros, el espíritu y el alma que nos insuflaste, la lengua que pusiste en nuestra boca, dan gracias, bendicen, glorifican, celebran, exaltan, manifiestan la potencia, la santidad, la realeza de tu nombre, oh Rey nuestro. Porque toda boca debe reconocerte, toda lengua jurar por Ti, toda rodilla doblarse y toda Altura postrarse ante Ti. Todo corazón debe adorarte, todas las entrañas deben cantar tu nombre como está escrito (Sal. 35, 10; 9X, 15, 11).

«¿Quién se parece a Ti, quién es igual a tu rango, Dios grande?» Queremos alabarte, celebrarte, bendecir tu santo nombre, como escribió David (Sal. 104, 1): «Tú eres el Dios fuerte por tu potencia sin límites.» Tú eres grande por la potencia de tu nombre. Poderoso siempre, temible por tus maravillas, oh rey, que está sentado sobre un trono elevado y majestuoso. Él habita siempre en las alturas. Santo es su nombre. Está escrito (Sal. 33, 1): «Sea alabado por la boca de los hombres rectos, bendito por la palabra de los justos.» Y que en las asambleas innumerables de tu pueblo Israel, tu nombre, Rey nuestro, sea celebrado por todas las generaciones. Porque es el deber de toda criatura ante Ti, Dios eterno, Dios nuestro y de nuestros padres, darte gracias, alabarte, glorificarte, honrarte, bendecirte, magnificarte y festejarte por todos los cantos de David, tu Servidor y Ungido.

Himno místico

Donde vaya, eres Tú.
Donde esté, estás Tú.
Solamente Tú.
Nada más que Tú.
Siempre Tú, Tú, Tú.
Todo va bien, eres Tú.
Estoy en dolores, eres Tú.
Solamente Tú.
Nada más que Tú.
Siempre Tú, Tú, Tú.

El cielo eres Tú.
La tierra, Tú.
Allá en lo alto, Tú.
Aquí en lo bajo, Tú.
Adonde sea,
Adonde me vuelvo,
Adonde me incline,
Al fin de todo,
Eres Tú, sólo Tú.
Nada más que Tú.
Siempre Tú, Tú, Tú.

Del Rabbí de Berdidshev. Se intitula : *TÚ*.

SÉPTIMA PARTE

Islamismo

El Islam

Islam es una palabra árabe que significa «sumisión, entrega a Dios». El Islam fue fundado a comienzos del siglo VII de la era cristiana en la comarca árabe del Hedjaz por Muhammad ibn Abdalleh, Mahoma, que nació en La Meca en 580 y murió en 632. Huérfano en muy temprana edad, fue educado por su abuelo paterno y luego por un tío, y adolescente todavía, entró al servicio de la casa comercial de Hadiga, una viuda rica, con la que más tarde se casó. En sus viajes con las caravanas entró probablemente en contacto con el monaquismo cristiano y con núcleos judíos que le orientaron en su búsqueda religiosa hacia un monoteísmo. A los treinta años comenzó su «despertar», con una extraordinaria vivencia religiosa, en la que se le hizo claro que estaba llamado a ser profeta de su pueblo.

Su huida de La Meca a Medina, el 16 de julio de 622, a causa de la fuerte oposición que encontró allí su predicación, es el punto de partida de la era musulmana, la Hégira. «El Islam está constituido sobre cinco fundamentos: la profesión de fe, la azalá (orar cinco veces al día: al mediodía, a la tarde, a la puesta del sol, a la noche y a la madrugada), el azaque (limosna), la peregrinación y el ayuno en el mes Ramadán.»

Dios, Alá, es único, y Mahoma su profeta. El *Corán* es el libro sagrado que contiene la dogmática, la moral y la ley islámica, y la tradición oral está contenida en la *Sunna*.

La mística musulmana, el sufismo, ha tenido a lo largo de toda su historia eximios representantes que, en la Edad Media, influyeron en los místicos y escritores del occidente cristiano.

Invocación del Corán

El *Corán,* el libro sagrado de los musulmanes, recopilación de las predicaciones de Mahoma, se compone de 114 capítulos, llamados *suras*. Todas las *suras,* excepto la novena, empiezan con la fórmula «En el nombre de Alá, el piadoso, el apiadable». Para los musulmanes representa la palabra de Dios revelada a los hombres.

En el nombre de Alá, el piadoso, el apiadable.
La loanza a Alá, señor de los mundos.
El piadoso, el apiadable.
Rey en el día del juicio.
A ti adoramos, de ti imploramos ayuda.
Guíanos al camino, el enderezado.
Camino de quienes agraciaste sobre ellos.
No de los que tú (eres) el airado sobre ellos y no
[de los extraviados.

Profesión de fe del musulmán

La profesión de fe del musulmán se resume en estas dos sencillas frases:

Yo doy fe de que no hay ningún Dios, sino Alá;
yo doy fe de que Mahoma es el enviado de Alá.

En el Corán se encuentran estas fórmulas de profesión de fe:

Alá, no hay Dios sino Él.
Yo soy, en verdad, el enviado de Alá sobre vosotros todos.
¡*Ye* los que creen! Creed en Alá y en su profeta,
y el Libro que hizo bajar antes,
y quien reniega de Alá, y sus ángeles,
y sus libros, y sus profetas,
y el día, el último,
he aquí que erró error ancho.

Llamada de los almuecines a la oración

¡Alá es el más grande! ¡Alá es el más grande! ¡Alá es el más
[grande!
No hay ningún Dios, sino Alá.
¡Acudid a la plegaria! ¡Acudid a la salvación!
¡Alá es el más grande! ¡No hay ningún Dios, sino Alá!

Plegaria para obtener la entrada en el Paraíso

¡Oh Dios, no hay otro Dios más que tú, el Dios vivo, que permanece siempre, que no descansa ni duerme! A él pertenece todo lo que hay en el cielo y todo lo que hay en la tierra. ¿Quién sin su permiso puede interceder? Él sabe lo que hubo antes y lo que habrá después, aunque nada conozcamos de su conocimiento, más que lo que él permite que sepamos. Su trono se yergue sobre el cielo y sobre la tierra, y a ambos los sostiene; él es el Alto, el Grande.

Corán, II, 256.

El Credo del Islam

> El más antiguo credo del Islam ortodoxo, credo en el que no se encuentra todavía ningún artículo sobre Alá o Mahoma, sino que es simplemente una formulación del punto de vista ortodoxo frente a las opiniones sectarias, es el llamado primer credo de Abu Hanifa.

No consideramos a nadie incrédulo por un pecado: ni al que lo ha cometido negamos la fe.

Exhortamos al bien y prohibimos el mal.

Lo que te afecta no podía dejar de afectarte, lo que te falta no podía dejar de faltarte (predestinación).

No negamos a ninguno de los compañeros del enviado de Alá; no seguimos a ninguno de ellos con exclusividad.

La cuestión de Utman y Alí la dejamos en manos de Alá, que conoce los secretos y las cosas ocultas.

La comprensión en las cosas de religión es mejor que la comprensión en cosas de conocimiento y derecho.

La diversidad de opiniones dentro de la comunidad es una señal de la misericordia divina.

El que cree todo lo que debe creer, pero dice: «Yo no sé si Moisés y Jesús (paz sobre ellos) cuentan o no entre los enviados de Dios», es un incrédulo.

El que dice: «Yo no sé si Alá está en el cielo o en la tierra», es un incrédulo.

El que dice: «Yo no creo en el castigo en la tumba», pertenece a la secta de los gahmíes, que se hundirá.

Místicos musulmanes (sufismo)

El amor divino del sufí

> La célebre mística Rabi'ah al-Adawiya (murió en 801), era una tañedora de flauta pagana que se convirtió al islamismo. En el pueblo islámico perdura hoy todavía el recuerdo de su santidad.

De dos formas te he amado, una egoísta
y con un amor que es digno de ti.
En el amor egoísta encontré en ti mi alegría,
ciega para todo y para todos.
En aquel amor que es digno de ti, te busca,
se ha alzado el velo, de forma que puedo mirarte.
Pero ni en este ni aquel es mía la gloria;
tuya totalmente es la gloria en este y en aquel.

Perdóname, Dios mío

> Yahya-ibn Mo'adh, que murió en 871, en Nishapur, fue el primero en dar un «curso» publicó de mística en las mezquitas; también fue el primero en expresar en verso, y en estilo directo, su amor a Dios.

¡Oh Dios mío! El motivo (que alego) es mi necesidad,
mi bagaje (al que apelo) es mi miseria,
mi intercesor cerca de ti son los beneficios que tú me has
[otorgado.

Acciones desvanecidas como espejismo,
un corazón de fe tibia,
pecados numerosos como los granos de arena y de polvo...
¿Y cómo, contando con esto, me atrevo a desear
«las compañías celestiales de la misma edad»?

¡Ya basta! Es lo mismo que estar ebrio, sin haber bebido.

¡Oh mi Dios! ¿Cómo puedo alegrarme yo que te he ofendido,
y, al propio tiempo, cómo no puedo menos de alegrarme
sabiendo que tú existes?
¿Cómo invocarte yo, pecador,
y cómo dejar de invocarte a ti, el Misericordioso?

La noche es larga, no la acortarás
si sueñas, en vez de orar;
el día es puro, no lo manches con tus pecados.

Cuántos hay que dicen a Dios: «Perdóname»,
y su corazón está lleno de odio,
y cuántos otros que en cambio no lo invocan
y tienen su perdón.
Aquel dice: «¡Perdóname!»,
pero su corazón permanece en el pecado;
y este calla, pero su corazón recuerda a Dios...
El que conoce a su propia alma, conoce a Dios...

Retírate a la soledad,
nútrete de ayunos,
habla con la oración;
y entonces tú, o bien morirás de tu mal,
o bien encontrarás el remedio.

¡Oh mi Dios! No lo olvides:
los he guiado al camino que lleva a ti,
he dado testimonio de que tú eres el Supremo.

Levanto hacia ti
mis manos herrumbrosas de pecados
y mis ojos pintados con el *khol* de la esperanza.
Acógeme, tú eres un Rey generoso,
y perdóname, pues soy un siervo muy débil.

La experiencia mística

> Algazel (1058-1111), célebre jurista, por el estudio del sufismo islámico se convirtió y abandonó su magnífica posición en Bagdad y siguió la vida del sufí. Muchas de sus obras fueron traducidas al latín y tuvieron amplia difusión en Occidente. La que reviste más importancia son sus confesiones que tienen por título *El liberador del error.*

En sí, la ascesis tiene tres escalones distintos, que corresponden a la graduación de su fuerza. El primer escalón, el más bajo, consiste en la práctica de la ascesis frente al mundo.

De quien lo hace se dice que aspira a la ascesis, y este es el comienzo para aquel que, por el mérito y el esfuerzo, quiere alcanzar el grado de la verdadera ascesis. El segundo escalón se presenta en aquel que voluntariamente renuncia al mundo, porque, en comparación con aquello a lo que él aspira, lo desprecia, como uno que por dos dirhams renuncia a un dirham; esto no le resulta difícil ni siquiera si ha de aguardar un poco. En el tercer grado, el superior, practica la ascesis libremente, y es asceta incluso en su ascesis, y no cree que haya renunciado a nada, puesto que sabe que el mundo no es nada. Esta es la ascesis perfecta, y su causa es el saber perfecto, y un asceta de esta clase está a salvo del peligro de unirse (de nuevo) del mundo. Si se subdivide la ascesis de acuerdo con su objetivo, resultan también tres escalones. En el más bajo, el objetivo es la salvación del infierno y de los demás dolores. En el segundo se practica la ascesis por anhelo de la recompensa y del favor de Alá y de las gracias prometidas en su paraíso. En el tercero y más elevado sólo se anhela a Alá y la unión con él, de forma que el corazón no se preocupa de los dolores, de liberarse de ellos, ni de los placeres, de conseguirlos y alcanzarlos, sino que se abstrae sólo en su deseo de Alá.

La evolución mística

Doce años fui yo herrero de mí mismo, y cinco años espejo de mi corazón; un año miré a lo que había entre mí mismo y mi corazón; y, mirad, vi, ciñendo mi cuerpo, un cinturón externamente visible (el de la incredulidad). Doce años empleé para romperlo; luego miré, y un cinturón en mí. Cinco años trabajé pensando cómo podría romperlo; y se desató. Miré a las criaturas de Dios, y vi que estaban muertas. Y pronuncié cuatro *atakbir* por ellas (la azalá de los muertos).

Bayazid al-Bistami, místico del siglo IX

Abandono místico

Al-Gunial (†910) es el máximo representante ortodoxo del sufismo moderado. Nos describe su experiencia y abandono místico como sigue:

Todo lo que yo digo, viene de una aflicción permanente y de una constante pena, de un corazón agitado hasta su más profunda profundidad y atormentado por torturas incesantes, por él mismo en sí mismo, sordo a todo afecto, a todo arrepentimiento, a todo sentido, a todo sentimiento, a todo paz, a todo esfuerzo, a toda imagen familiar, y que se encuentra constantemente en el dolor de su tortura sin fin; tortura inimaginable, indescriptible, ilimitada, insoportable en su enconado ataque. Por entonces (en la unión con Dios) se te llamará, llamándote tú a ti mismo; se te preguntará por tu mensaje, preguntándote tú a ti mismo; con un caudaloso río de buenas acciones y un río de reconocimiento, con una fe creciente y una gracia ininterrumpida.

El que vive es aquel cuya vida se apoya en la vida de su creador, no aquel cuya vida depende de la duración de su forma corporal. Aquel cuya vida depende de la duración de sí mismo, está muerto mientras vive (todavía); pero aquel cuya vida se apoya en su Señor, la verdadera vida de este es la muerte, porque por ella llega el grado de la vida originaria.

Amor a Dios

Al-Hallag (858-922), como muchos otros místicos musulmanes, mantuvo una actitud despectiva hacia el Estado que le costó el encarcelamiento y la muerte. Pese a haber sido condenado como hereje, sigue siendo venerado como santo y es uno de los más grandes pensadores místicos del Islam.

Tu espíritu se ha mezclado con mi espíritu
como el vino se mezcla con el agua clara;
si algo te toca, me toca a mí,
ahora tú eres yo en cualquier situación.

¡Oh, tú, conciencia de mi conciencia!, tan sutil, que quedas
oculto al poder imaginativo de todos los vivientes,
pero fuera (o dentro), tú te revelas a todas las cosas en todas
[las cosas,
ignorancia sería pedirte perdón, y (demostraría) la magnitud
de mi duda y el exceso de mi balbuceo.
¡Oh, tú, síntesis de todo!, tú no eres diferente de mí; ¿cómo
puedo yo pedirme perdón a mí mismo?

Entre tú y yo hay un «yo soy» que me entristece; aparta,
pues, en tu bondad este «soy yo».

El amor es mi religión

Ibn al-Arabi (†1240), el gran místico andalusí, representa el punto culminante de la corriente panteísta del sufismo. Para este místico las diferencias de religiones pasan a segundo plano y quedan absorbidas en el perfecto amor de Dios.

Hubo un tiempo en que tomaba a mal a mis compañeros el
que su religión no fuera parecida a la mía,
pero ahora mi corazón adopta todas las formas; es pasto
para gacelas y convento para monjes,

un templo para los idólatras y una Kaaba para los peregrinos, las tablas de la Torah y el sagrado libro del *Corán*.
Sólo el amor es mi religión, y adonde quiera que cabalguen sus corceles, él es mi religión y mi fe.

OCTAVA PARTE

Cristianismo

Las oraciones del Nuevo Testamento

Oración del Señor

Estando él orando en cierto lugar, cuando terminó, le dijo uno de sus discípulos: «Maestro, enséñanos a orar, como enseñó Juan a sus discípulos». Él les dijo: «Cuando oréis, decid:
Padre, santificado sea tu Nombre,
venga tu Reino,
danos cada día nuestro pan cotidiano,
y perdónanos nuestros pecados
porque también nosotros perdonamos a todo el que nos debe,
y no nos dejes caer en tentación».

Lc., 11, 1-4.

«Yo te bendigo, Padre, Señor del cielo y de la tierra, porque has ocultado estas cosas a sabios y prudentes y se las has revelado a pequeños; sí, Padre, pues tal ha sido tu beneplácito. Todo me ha sido entregado por mi Padre, y nadie conoce bien al Hijo sino el Padre ni al Padre le conoce bien nadie sino el Hijo, y aquel a quien el Hijo se lo quiera revelar.»

(Mt, 11, 25-27)

«Padre, te doy gracias por haberme escuchado.
Ya sabía yo que tú siempre me escuchas;
pero lo he dicho por estos que me rodean,
para que crean que tú me has enviado.»

Jn., 11, 41-43.

Mientras estaban comiendo, tomó Jesús pan y, pronunciada la bendición, lo partió y, dándoselo a sus discípulos, dijo: «Tomad, comed, este es mi cuerpo». Tomó luego un cáliz y, dadas las gracias, se lo dio diciendo: «Bebed de él todos, porque ésta es mi sangre de la Alianza, que va a ser derramada por muchos para remisión de los pecados. Y os digo que desde ahora no beberé de este producto de la vida hasta el día aquel en que lo beba con vosotros, nuevo, en el Reino de mi Padre».

Mt., 26, 26-29.

Así habló Jesús, y alzando los ojos al cielo, dijo:
«Padre, ha llegado la hora;
glorifica a tu Hijo,
para que tu Hijo te glorifique a ti.
Ya que le has dado poder sobre toda carne,
que dé también vida eterna
a todos los que tú le has dado.
Esta es la vida eterna:
Que te conozcan a ti,
el único Dios verdadero,
y a tu enviado, Jesucristo.
Yo te he glorificado en la tierra,
llevando a cabo la obra que me encomendaste realizar.
Ahora, Padre, glorifícame tú, junto a ti,
con la gloria que tenía a tu lado
antes que el mundo fuese.
He manifestado tu Nombre
a los que me has dado sacándolos del mundo.
Tuyos eran y tú me los has dado;

y han guardado tu Palabra.
Ahora ya saben
que todos lo que me has dado viene de ti;
porque yo les he comunicado lo que tú me comunicaste;
ellos han aceptado verdaderamente que vengo de ti,
y han creído que tú me has enviado.
Por ellos ruego yo;
no ruego por el mundo,
sino por los que tú me has dado,
porque son tuyos;
todo lo mío es tuyo y lo tuyo mío;
y yo he sido glorificado en ellos.
Ya no estoy en el mundo,
pero ellos sí están en el mundo,
y yo voy a ti.
Padre santo,
cuida en tu nombre a los que me has dado,
para que sean uno como nosotros:

Jn., 17, 1-12.

Primeros himnos

Bendito el Señor Dios de Israel
porque ha visitado y redimido a su pueblo.
Y nos ha suscitado una fuerza salvadora
en la casa de David, su siervo,
como había prometido desde tiempos antiguos
por boca de sus santos profetas,
que nos salvaría de nuestros enemigos

y de las manos de todos los que nos odiaban,
haciendo misericordia a nuestros padres
y recordando su santa alianza
y el juramento que juró
a Abraham nuestro padre,
de concedernos que, libres de manos enemigas,
podamos servirle sin temor
en santidad y justicia
delante de él todos nuestros días.

Canto de Zacarías, Lc., 1, 68-76.

Engrandece mi alma al Señor
y mi espíritu se alegra en Dios mi salvador
porque ha puesto los ojos en la humildad de su esclava,
por eso desde ahora todas las generaciones me llamarán bienaventurada, porque ha hecho en mi favor maravillas el Poderoso, santo es su nombre y su misericordia alcanza de generación en generación a los que le temen.
Desplegó la fuerza de su brazo, dispersó a los que son soberbios en su propio corazón.
Derribó a los potentados de sus tronos y exaltó a los humildes.
A los hambrientos colmó de bienes y despidió a los ricos sin nada.
Acogió a Israel, su siervo, acordándose de la misericordia —como había prometido a nuestros padres— en favor de Abraham y de su linaje por los siglos.

Cántico de María, Lc., 1, 46-57.

Ahora, Señor, puedes, según tu palabra,
dejar que tu siervo se vaya en paz,
porque han visto mis ojos tu salvación,
la que has preparado a la vista de todos los pueblos,
luz para iluminar a los gentiles,
y gloria de tu pueblo Israel.

Cántico de Simeón, Lc., 2, 29-33.

Primeros cristianos o comunidad apostólica

Hechos de los Apóstoles

Entonces oraron así: «Tú, Señor, que conoces los corazones de todos, muéstranos a cuál de estos dos has elegido, para ocupar en el ministerio del apostolado el puesto del que Judas desertó para irse adonde le correspondía:

Oración de los Apóstoles en la elección de Matías, Act., 1, 24-25.

Una vez librados, vinieron a los suyos y les contaron todo lo que les habían dicho los sumos sacerdotes y ancianos. Al oírlo, todos a una elevaron su voz a Dios y dijeron: «Señor, tú que hiciste el cielo y la tierra, el mar y todo lo que hay en ellos, tú eres el que has dicho por el Espíritu Santo por boca de nuestro padre David, tu siervo:

¿A qué esta agitación de las naciones,
estos vanos proyectos de los pueblos?
Se han presentado los reyes de la tierra
y los magistrados se han aliado
contra el Señor y contra su Ungido.

Porque verdaderamente en esta ciudad se han aliado Herodes y Poncio Pilato con las naciones y los pueblos de Israel contra tu santo siervo Jesús, a quien has ungido, para realizar lo que en tu poder y en tu sabiduría habías predeterminado. Y ahora, Señor, ten en cuenta sus amenazas y concede a tus siervos que puedan predicar tu Palabra con toda valentía, extendiendo tu mano para que realice curaciones, señales y prodigios por el nombre de tu santo siervo Jesús.»

Oración de los Apóstoles en la persecución, Act., 4, 24-30.

Mientras le apedreaban, Esteban hacía esta invocación: «Señor Jesús, recibe mi espíritu». Después dobló las rodillas y dijo con fuerte voz: «Señor, no les tengas en cuenta este pecado». Y diciendo esto, se durmió.

Súplica de Esteban en su lapidación, Act., 7, 59-60.

Fragmentos teológico-oracionales de san Pablo

«¡Oh abismo de la riqueza, de la sabiduría y de la ciencia de Dios!
¡Cuán insondables son sus designios e inescrutables sus caminos!
En efecto, ¿quién conoció el pensamiento del Señor?
¿Quién fue su consejero? o ¿quién le dio primero, que tenga derecho a la recompensa? Porque de él, por él y para él son todas las cosas.
¡A él la gloria por los siglos! Amén.»

Himno a la sabiduría divina, Rom., 11, 33-35.

A Aquel que puede consolidaros
conforme al Evangelio mío y la predicación de Jesucristo:
Revelación de un Misterio

mantenido en secreto durante siglos eternos,
pero manifestado al presente, por las Escrituras que lo predicen, por disposición del Dios eterno,
dado a conocer a todos los gentiles para la obediencia de la fe, a Dios, el único sabio,
por Jesucristo.
¡A él la gloria por los siglos de los siglos!
Amén.

Doxología o canto de alabanza, Rom., 16, 25-27.

Aunque hablara las lenguas de los hombres y de los ángeles, si no tengo caridad, soy como bronce que suena o címbalo que retiñe; aunque tuviera el don de profecía, y conociera todos los misterios y toda la ciencia; aunque tuviera plenitud de fe como para trasladar montañas, si no tengo caridad, nada soy. Aunque repartiera todos mis bienes, y entregara mi cuerpo a las llamas, si no tengo caridad, nada me aprovecha.

La caridad es paciente, es servicial; la caridad no es envidiosa, no es jactanciosa, no se engríe; es decorosa; no busca su interés; no se irrita; no toma en cuenta el mal; no se alegra de la injusticia; se alegra con la verdad. Todo lo excusa. Todo lo cree. Todo lo espera. Todo lo soporta.

La caridad no acaba nunca. Desaparecerán las profecías. Cesarán las lenguas y desaparecerá la ciencia. Porque imperfecta es nuestra ciencia e imperfecta es nuestra profecía. Cuando venga lo perfecto, desaparecerá lo imperfecto. Cuando yo era niño, hablaba como niño, pensaba como niño, razonaba como niño. Al hacerme hombre, dejé todas las cosas de niño. Ahora vemos en un espejo, confusamente.

Entonces veremos cara a ara. Ahora conozco de un modo imperfecto, pero entonces conoceré como soy conocido. Ahora subsisten la fe, la esperanza y la caridad, estas tres. Pero la mayor de todas ellas es la caridad.

La caridad, eje de la moral cristiana; I Cor., 13, 1-13.

¡Bendito sea el Dios y Padre de nuestro Señor Jesucristo, Padre de las misericordias y Dios de toda consolación, que nos consuela en todas nuestras tribulaciones, para poder nosotros consolar a los que están en toda tribulación, mediante el consuelo con que nosotros somos consolados por Dios! Pues, así como abundan en nosotros los sufrimientos de Cristo, igualmente abunda también por Cristo nuestra consolación.

Acción de gracias, II Cor., 1, 3-5.

Tened entre vosotros los mismos sentimientos que tuvo
[Cristo:
el cual, siendo de condición divina,
no retuvo ávidamente
el ser igual a Dios.
Sino que se despojó de sí mismo
tomando condición de siervo
haciéndose semejante a los hombres
y apareciendo en su porte como hombre;
y se humilló a sí mismo,
obedeciendo hasta la muerte y muerte de cruz.
Por lo cual Dios le exaltó

y le otorgó el Nombre,
que está sobre todo nombre.
Para que al nombre de Jesús
toda rodilla se doble
en los cielos, en la tierra y en los abismos,
y toda lengua confiese
que Cristo Jesús es Señor
para gloria de Dios Padre.

Resumen cristológico, Flp., 2, 5-11.

Doblo mis rodillas ante el padre de nuestro Señor Jesucristo. Del cual toma nombre toda paternidad en el cielo y sobre la tierra. Para que según las riquezas de su gloria os conceda por medio de su Espíritu el ser fortalecidos en virtud en el hombre interior. Y el que Cristo habite por la fe en vuestros corazones, estando arraigados y cimentados en caridad. A fin de que podáis comprender con todos los santos, cuál es la anchura, longitud, altura y profundidad. Y conocer también aquel amor de Cristo que sobrepuja a todo conocimiento, para que seáis simplemente colmados de Dios.

Y, en fin, a aquel que es poderoso para hacer infinitamente más de lo que pedimos o pensamos, según el poder que obra en nosotros. A él sea la gloria, por Cristo Jesús, en la Iglesia, por todas las generaciones de todos los siglos. Amén.

Oración personal, Efesios, 3, 14-21.

Levántate tú que duermes,
y resucita de la muerte,
y te alumbrará Cristo.

Efesios, 5, 14.

Al Rey de los siglos,
inmortal,
invisible,
al único Dios,
sea dada la honra y la gloria
por siempre jamás.
Amén.

I Timoteo, 1, 17.

El bienaventurado
y solo poderoso,
el Rey de reyes
y Señor de los señores,
el único que es inmortal
y que habita en una luz inaccesible,
a quien ninguno de los hombres ha visto,
ni tampoco pudo ver,
cuyo es el honor y el imperio sempiterno.
Amén.

I Timoteo, 6, 15-16.

Apocalipsis

Santo, santo, santo,
es el Señor
Dios todopoderoso,
el cual era, el cual es, y el cual ha de venir.

Doxología, 4, 8.

Digno eres, ¡oh Señor Dios nuestro!,
de recibir la gloria, y el honor, y el poderío,
porque tú creaste todas las cosas,
y por tu querer subsisten, y fueron creadas.

Cántico al Cordero, 4, 11.

Digno es el Cordero, que ha sido sacrificado,
de recibir el poder, y la divinidad,
y la sabiduría, y la fortaleza,
y el honor, y la gloria, y la bendición.

5, 12.

Santos Padres

Plegaria universal de san Clemente

> San Clemente fue uno de los primeros sucesores de San Pedro en la sede de Roma. En su *Carta a los Corintios* escrita a finales del siglo I, encontramos esta grave y solemne y al propio tiempo vibrante plegaria, que nos da una idea de lo que fueron las oraciones improvisadas en las celebraciones litúrgicas primitivas.

El Artífice de todas las cosas
guarde íntegro en todo el mundo
el número contado de sus escogidos,
por medio de tu siervo amado Jesucristo,
por el que nos llamó de las tinieblas a la luz,
de la ignorancia al conocimiento de la gloria de su nombre.
Nos llamaste a esperar en tu nombre,
principio de la vida de toda criatura.

Abriste los ojos de nuestro corazón,
para conocerte a Ti,
el solo Altísimo en las alturas,
el Santo que reposa entre los santos.

A Ti, que abates la altivez de los soberbios,
deshaces los pensamientos de las naciones,
levantas a los humildes
y abates a los que se exaltan.
Tú enriqueces y Tú empobreces.

Tu matas y Tú das vida.
Tú sólo eres bienhechor de los espíritus
y Dios de toda carne.

Tú miras a los abismos
y observas las obras de los hombres;
ayudador de los que peligran,
salvador de los que desesperan,
criador y vigilante de todo espíritu.

Tú multiplicas las naciones sobre la tierra,
y de entre todas escogiste a los que te aman,
por Jesucristo, tu siervo amado,
por el que nos enseñaste, santificaste y honraste.

Te rogamos, Señor,
que seas nuestra ayuda y protección.
Salva a los atribulados,
compadécete de los humildes,
levanta a los caídos,
muéstrate a los necesitados,
cura a los enfermos,
vuelve a los extraviados de tu pueblo,
alimenta a los hambrientos,
redime a nuestros cautivos,
da salud a los débiles,
consuela a los pusilánimes;
conozcan todas las naciones
que Tú eres el solo Dios,
y Jesucristo tu siervo,
y nosotros tu pueblo y ovejas de tu rebaño.

Tú has manifestado la ordenación perpetua
del mundo por medio de las fuerzas que obran en él.

Tú, Señor, fundaste la tierra;
Tú, que eres fiel en todas las generaciones,
justo en tus juicios,
admirable en tu fuerza y magnificencia,
sabio en la creación,
y providente en sustentar lo creado,
bueno en tus dones visibles
y benigno para los que en Ti confían.
Misericordioso y compasivo,
perdona nuestras iniquidades,
pecados, faltas y negligencias.

No tengas en cuenta todo pecado de tus siervos
[y siervas,
sino purifícanos con la purificación de tu verdad
y endereza nuestros pasos en santidad de corazón,
para caminar y hacer lo acepto y agradable
delante de Ti y de nuestros príncipes.

Sí, oh Señor, muestra tu faz sobre nosotros
para el bien en la paz,
para ser protegidos por tu poderosa mano,
y líbrenos de todo pecado tu brazo excelso,
y de cuantos nos aborrecen sin motivo.
Danos concordia y paz a nosotros
y a todos los que habitan sobre la tierra,
como se la diste a nuestros padres
que te invocaron santamente en fe y verdad.

Danos ser obedientes a tu omnipotente y santísimo nombre.
A nuestros príncipes y gobernantes sobre la tierra,
Tú, Señor, les diste la potestad regia,
por tu fuerza magnífica e inefable,
para que, conociendo nosotros
el honor y la gloria que por Ti les fue dada,
nos sometamos a ellos,
sin oponernos en nada a tu voluntad.

Dales, Señor, salud, paz, concordia y constancia,
para que sin tropiezo ejerzan
la potestad que por Ti les fue dada.

Porque Tú, Señor, rey celeste de los siglos,
das a los hijos de los hombres
gloria y honor y potestad
sobre las cosas de la tierra.

Endereza Tú, Señor, sus consejos,
conforme a lo bueno y acepto en tu presencia,
para que, ejerciendo en paz y mansedumbre y piadosamente
la potestad que por ti les fue dada,
alcancen de Ti misericordia.

A Ti, el solo que puedes hacer esos bienes
y mayores de esos entre nosotros,
a Ti te confesamos
por el sumo sacerdote y protector de nuestras almas,
Jesucristo, por el cual sea a Ti gloria y magnificencia
ahora y de generación en generación,
y por los siglos de los siglos. Amen.

Plegaria de san Ignacio de Antioquía

> Hacia el año 107 murió Ignacio en Roma devorado por las fieras del circo. En su largo viaje hacia el martirio, encadenado, Ignacio escribió sus cartas, que representan, con ardor, su entusiasmo, una de las piezas más importantes de la historia antigua del cristianismo.
> En la mística de Ignacio se coloca la Eucaristía en perfecta simetría con el martirio.

Bello es que el sol de mi vida, saliendo del mundo, trasponga en Dios, a fin de que en Él yo amanezca.

A nadie jamás tuvisteis envidia; a otros habéis enseñado a no tenerla. Ahora, pues, lo que yo quiero es que lo que a otros mandáis cuando los instruís como a discípulos del Señor, sea también firme respecto a mí.

Lo único que para mí habéis de pedir es fuerza, tanto interior como exterior, a fin de que no sólo hable, sino que esté también decidido; para que no sólo, digo, me llame cristiano, sino que me muestre como tal. Porque si me muestro cristiano, tendré también derecho a llamármelo y entonces seré de verdad fiel a Cristo, cuando no apareciere ya el mundo. Nada que aparezca es bueno. Por lo menos, Jesucristo nuestro Dios, ahora que está con su Padre, es cuando más se manifiesta. Cuando el cristianismo es odiado por el mundo, la hazaña que le cumple realizar no es mostrar elocuencia de palabra, sino grandeza de alma.

Por lo que a mí toca, escribo a todas las Iglesias, y a todas les encarezco que yo estoy pronto a morir de buena gana por Dios, con tal que vosotros no me lo impidáis. Yo os lo suplico: no mostréis para conmigo una benevolencia inoportuna. Permitidme ser pasto de las fieras, por las que me es dado alcanzar a Dios. Trigo soy de Dios, y por los dientes de las fieras he de ser molido, a fin de ser presentado como limpio pan de Cristo.

Perdonadme: yo sé lo que me conviene. Ahora empiezo a ser discípulo. Que ninguna cosa, visible ni invisible, se me oponga, por envidia, a que yo alcance a Jesucristo. Fuego y cruz, y manadas de fieras, quebrantamientos de mis huesos, descoyuntamientos de miembros, trituraciones de todo mi cuerpo, tormentos atroces del diablo, vengan sobre mí, a condición sólo de que yo alcance a Jesucristo.

Mi amor está crucificado y no queda ya en mí fuego que busque alimentarse de materia; sí, en cambio, en agua viva que murmura dentro de mí y desde lo íntimo me está diciendo: «Ven al Padre».

Oraciones litúrgicas eucarísticas

> La *Didakhe* o *Doctrina de los doce Apóstoles,* constituye la primera colección de oraciones litúrgicas, y el primer compendio catequístico para uso de los fieles.

Acerca de la Eucaristía, daréis las gracias de esta manera:

Primero sobre el cáliz:

Gracias te damos, Padre nuestro,
por la santa viña de tu hijo David,
que nos has revelado por Jesús, tu Hijo.
Gloria a Ti por los siglos.

Sobre la fracción del pan:

Gracias te damos, Padre nuestro,
por la vida y la ciencia
que nos revelaste por tu Hijo Jesús.
A Ti la honra por los siglos.

Como este pan partido estaba antes disperso por los mon-
                    [tes, y recogido se ha hecho uno,
así se recoja tu Iglesia de los confines de la tierra en tu reino.
Porque tuya es la honra y el poder por Jesucristo en los
                                                    [siglos.

Pero que nadie coma ni beba de vuestra Eucaristía sin estar
bautizado en el nombre de Jesús; pues de esto dijo el Señor:
no deis lo santo a los perros.

Mateo., 7, 6.

Y después de que os hayáis saciado, dad así las gracias:

Gracias te damos, Padre Santo,
por tu santo nombre,
que hiciste que habitara en nuestros corazones,
y por la ciencia y la fe y la inmortalidad,
que nos manifestaste por Jesús tu Hijo.
A Ti la gloria por los siglos.

Tú, Señor omnipotente,
creaste todas las cosas por tu nombre,

y diste a los hombres manjar y bebida para su disfrute, a fin
[de que rindan gracias,
y a nosotros nos has concedido espiritual alimento y bebida
[y vida eterna por tu Hijo.
Ante todo te hacemos gracias porque eres poderos,
a Ti la honra por los siglos.
Acuérdate, Señor, de tu Iglesia, para librarla de todo mal y
[para perfeccionarla en tu caridad.

Y recógela de tus cuatro vientos ya santificada,
en tu reino, que le tienes preparado.
Porque tuya es la honra y el poder de los siglos.
Venga tu gracia y pase este mundo.
Hosana al Hijo de David.
Si alguien está santo, acérquese.
Si no lo está, arrepiéntase.
Marán Athá.
Amén.

Plegaria de san Policarpo de Esmirna en la hoguera

San Policarpo murió hacia el 156 a los 86 años. En la carta de la Iglesia de Esmirna a los fieles de Filomenio se han conservado, junto con el relato del martirio de su obispo, las palabras de su última invocación. Se trata de uno de los textos martirológicos más antiguos y una de las joyas de la literatura cristiana primitiva.

No le clavaron, sino que sólo le ataron con las manos atrás, y atado al madero. Policarpo parecía un carnero egregio, escogido de entre un gran rebaño preparado para holocausto acepto a Dios.

Entonces, levantados sus ojos al cielo, dijo:

Señor Dios omnipotente,
Padre de tu amado y bendecido siervo Jesucristo,
por quien hemos recibido el conocimiento de ti,
Dios de los ángeles y de las potestades,
de toda la creación y de toda la casta de los justos,
que viven en presencia tuya.
Yo te bendigo,
porque me tuviste por digno de esta hora,
a fin de tomar parte, contado entre tus mártires,
en el cáliz de Cristo,
para resurrección de eterna vida, en alma y cuerpo,
en la incorrupción del Espíritu Santo:
Sea yo con ellos recibido hoy en tu presencia,
en sacrificio pingüe y aceptable,
conforme de antemano me lo preparaste
y me lo revelaste y ahora lo has cumplido,
Tú, el infalible y verdadero Dios.
Por lo tanto, yo te alabo por todas las cosas,
te bendigo y te glorifico,
por mediación del eterno y celestial Sumo Sacerdote,
Jesucristo, tu siervo amado,
por el cual sea gloria a ti con el Espíritu Santo,
ahora y en los siglos por venir. Amén.

Plegaria a Dios de san Ireneo de Lyon

> San Ireneo nació en Esmirna y fue discípulo de san Policarpo y obispo de Lyon. El libro tercero de su obra *Contra los herejes* acaba con una oración que evoca al profeta Elías y que nos procura uno de los testimonios más preciosos.

También yo, pues, te invoco, Señor Dios de Abraham, y Dios de Isaac, y Dios de Jacob y de Israel, que eres Padre de nuestro Señor Jesucristo, Dios que por la muchedumbre de tu misericordia tuviste a bien que te conozcamos; tú, que hiciste el cielo y la tierra, que dominas sobre todas las cosas, que eres el solo y verdadero Dios, por encima del cual no hay otro Dios: por nuestro Señor Jesucristo danos también el reino del Espíritu Santo; da a todo el que leyere esta escritura la gracia de conocer que tú eres el solo Dios y se afirme en ti y se aparte de todo sentir herético, impío y vacío de Dios.

Oración al Espíritu Santo

> La *Tradición apostólica* de Hipólito, es el único libro litúrgico que se conserva del siglo III. He aquí una plegaria al Espíritu Santo:

Te damos gracias, oh Dios, por medio de tu amado Hijo Jesucristo, el cual nos enviaste en los últimos tiempos como Salvador y Redentor nuestro y como anunciador de tu voluntad. Él es tu Verbo inseparable, por quien hiciste todas las cosas y en el que te has complacido. Lo enviaste desde el cielo al seno de una Virgen, el cual fue concebido y se encarnó, y se mostró como Hijo tuyo nacido del Espíritu Santo y de la Virgen. Él, cumpliendo tu voluntad y conquistándote tu pueblo santo, extendió sus manos padeciendo para librar del sufrimiento a los que creyeron en Ti. El cual, habiéndose entregado voluntariamente a la pasión para destruir la muerte, romper las cadenas del demonio, humillar al infierno, iluminar a los justos, cumplirlo todo y manifestar la resurrección, tomando el pan y dándote gracias, dijo: *Tomad, comed: Este es mi cuerpo, que por vosotros será destrozado.* Del mismo modo tomó el cáliz, diciendo: *Esta es mi sangre, que por vosotros es derramada; cuando hacéis esto, renováis el recuerdo de mí.*

Recordando, pues, la muerte y la resurrección de Él, te ofrecemos el pan y el cáliz, dándote gracias, porque nos tuviste por dignos de estar delante de ti y de servirte. Y te pedimos que envíes tu Espíritu Santo a la oblación de la Santa Iglesia. Juntándolos en uno, da a todos los santos que la reciben, que sean dignos del Espíritu Santo para confirmación de la fe en la verdad, para que te alabemos y glorifiquemos por tu Hijo Jesucristo, por medio del cual honor y gloria a ti, al Padre y al Hijo con el Espíritu Santo en tu Santa Iglesia, ahora y por los siglos de los siglos. Amén.

Himno a Cristo Salvador
de san Clemente de Alejandría

> A fines del siglo II existía en Alejandría una escuela para preparar a jóvenes de las más cultas familias griegas para recibir el bautismo. Allí enseñaron Clemente y Orígenes.
>
> Clemente, de origen pagano, escribió la obra *El Pedagogo,* que acaba con el célebre himno a Cristo que fue, posiblemente, el himno a la «escuela de Alejandría». Es un cántico lleno de entusiasmo, de inspiración bíblica y platónica:

Freno de potros indomables,
ala de pájaros de vuelo seguro,
sólido timón de las naves,

pastor de ovejas reales,
reúne el rebaño
de tus hijos puros,
para que loen con santidad,
canten con sinceridad,
limpios de malicia sus labios,
a Cristo, guía de sus hijos.
Rey de los santos,
oh Verbo invencible
del Altísimo Padre,
príncipe de sabiduría,
sostén en las fatigas,
eterno gozo.
Oh Jesús, salvador
del género humano,
pastor, labrador,
freno, timón, ala celeste
de la asamblea de los santos.
Pescador de hombres
que vienes a salvar
del mar de los vicios
saca los peces puros,
de las olas hostiles
condúcelos a la vida feliz.
Guía tu grey
de ovejas prudentes;
conduce, oh Rey,
a tus hijos sin mancha.
Las huellas de Cristo
señalan el camino del cielo.
Oh Verbo eterno,

edad sin fronteras,
luz inmortal,
fuente de misericordia,
hacedor de la virtud,
vida venerada
por los que cantan a Dios.

Oh Cristo Jesús
leche celestial
de los dulces senos
de una joven madre
llena de gracias
de tu sabiduría.
Nosotros niños,
con las tiernas bocas
apenas saciadas,
apagaremos, castamente,
la sed en los raudales
del Espíritu.
Cantemos juntos
cánticos puros,
himnos regios
a Cristo soberano,
sagrada recompensa de la vida.
Con sencillez cantemos
al Hijo omnipotente.
Nosotros, nacidos del Cristo,
formaremos el coro de la paz;
pueblo prudente,
cantemos juntos
al Dios de la paz.

Plegaria de Orígenes

Orígenes es indudablemente el teólogo más importante de la Iglesia griega. Escribió un tratado sobre la oración, pero además en todos sus comentarios a la Sagrada Escritura, en sus homilías y demás escritos afloran con frecuencia plegarias de una muy personal piedad afectiva, nueva y precursora de los grandes místicos. La última frase de la oración que sigue alude al martirio:

Ven, Jesús, mis pies están sucios. Hazte un esclavo para mí. Llena de agua el lebrillo, ven, lava mis pies. Ya sé que es temeridad lo que pido, pero temo la amenaza salida de tus labios: «Si no te lavare los pies, no tendrás parte conmigo». Lávame, pues, los pies para que tenga parte contigo. Mas, ¿qué digo, lávame los pies? Eso pudo muy bien decirlo Pedro, que sólo necesitaba que le lavaran los pies, ya que su cuerpo estaba enteramente limpio. Yo, en cambio, cuando esté lavado, habré menester aquel bautismo del que el Señor dice: «En cuanto a mí, debo ser bautizado con otro bautismo».

Himno a la luz del Padre Jesucristo

Nuestros padres no tuvieron por bien recibir en silencio la gracia de la luz vespertina; sino que, apenas aparecida, daban gracias. A la verdad, no podemos decir quién sea el autor de las palabras de acción de gracias del lucernario; el pueblo, sin embargo, repite este antiguo himno:

Luz alegre de la gloria santa del Padre inmortal,
del celeste, santo, bienaventurado Jesucristo,
llegado que hemos a la puesta del sol,
viendo la luz vespertina,
cantamos un himno al Padre y al Hijo y al Espíritu Santo de
[Dios.

Digno eres de ser cantado en todos los tiempos,
con voces santas,
Hijo de Dios, que das la vida.
Por eso el mundo te glorifica.

Oración de san Agustín

> San Agustín (354-430), obispo de Hipona, es uno de los más grandes pensadores de la cristiandad. Su obra cierra la época de los Padres de la Iglesia y da paso al largo período de la Edad Media. De *Las Confesiones,* obra clásica de la espiritualidad cristiana, ofrecemos esta plegaria que revela los más destacados rasgos de la mística agustiniana:

El cielo y la tierra, así como las restantes bellezas, me dicen por dondequiera que te ame, ¡oh Dios! Mas ¿qué amo yo, Dios, cuando te amo? No la belleza del cuerpo, no los halagos falaces del tiempo pasajero, no el esplendor de la luz, no la suave melodía de todo género de cantos; ni el dulce perfume de las flores, bálsamos y aromas, ni el sabor de la miel y el maná, ni la suavidad de los miembros que se ofrecen a los brazos. No, no es esto lo que amo cuando amo a mi Dios. Y, sin embargo, yo amo una especie de luz, una especie de sonido, un perfume, y un abrazo, pero de mi propio hombre interior, donde resplandece algo que ningún espacio puede contener, donde resuena algo que ningún tiempo puede borrar. Esto amo yo cuando amo a mi Dios... Pero ¿dónde está Él y quién es? Interrogué a la tierra, y ella me dijo: Yo no soy Dios. Interrogué a los abismos del océano, y me respondieron: Tu Dios no somos nosotros; búscalo más alto. Interrogué al cielo, al sol, a la luna y a los astros: Tampoco nosotros somos el Dios a quien tú buscas, exclaman a una. Y entonces me volví a mí mismo y me dije: ¿Y tú? ¿Quién eres tú? Y me respondí: Un hombre. Dios es más que todo cuanto puedo experimentar con mis sentidos externos e internos. Con la mirada de mi alma me he percatado de que más arriba de mi espíritu brilla una luz inalterable. Y me ha anonadado el sentimiento de lo sublime y he temblado de amor y de espanto... Me he dado cuenta de que todo lo demás está por debajo de ti, que no existe en absoluto, no es sino belleza pasajera. Y me he despertado en ti. Te contemplé en tu infinidad y fui arrebatado hacia ti por tu hermosura... Y cuando volví a apartarme de ti bajo el peso de mi ser material y sensible, cuando volví a lanzarme, gimiendo, sobre los bienes fugaces y a plantearme la cuestión de por qué encontraba tan espléndida la hermosura de los cuerpos celestes y terrestres, me di cuenta de que la razón estaba en la eternidad de la verdad y de la belleza, sublimemente elevada por encima de la mudable condición de mi espíritu... ¡Verdad, verdad! ¡Con cuánta ansia busca tu brillo la médula más profunda de mi alma! ¡Tú que eres belleza de todo cuanto es bello!

Los cuerpos no son bellos, sino que poseen belleza como algo accidental y extrínseco. Pero en ti, ¡oh Dios!, el ser no es sino belleza, pues belleza y grandeza son una sola cosa, que es tú mismo. ¡Oh tú, lo más bello de cuanto puede existir…, dulzura mía santa! Demasiado tarde he aprendido a amarte, belleza tan antigua y tan nueva… Estabas dentro de mis entrañas, pero yo vivía fuera de mí. Lleno de fealdad, me movía hacia las cosas bellas que tú creaste fuera de mí, en vez de ascender, en la belleza de mi ser interior, hacia tu propia belleza.

Oración de los mártires de Prudencio

> El gran poeta cristiano Prudencio, nacido en Zaragoza en 348, fue el cristianizador de la poesía pagana, y el primer lírico latino-cristiano. Del poema *Peristephanon (Las coronas)* dedicado a los mártires, extraemos esta oda que Prudencio pone en boca de san Lorenzo, mártir.

¡Oh Cristo, Dios único verdadero!
¡oh esplendor, oh poder del Padre,
oh Hacedor del cielo y de la tierra
y fundador de estas murallas!

Tú que colocaste el cetro de Roma
en la cumbre de todas las pujanzas
y decretaste que el universo mundo
obedeciese a la toga de Quirino
y sirviese a sus armas,
con el intento de domar así
bajo el imperio de unas mismas leyes
las costumbres, el genio, las lenguas
y los cultos de las naciones discrepantes:

He aquí que el humano linaje
todo entero ha pasado bajo la ley de Remo.
El mismo sentir tienen los pueblos más diversos,
y los más disonantes ritos publican una verdad idéntica.

Y todo esto fue así predestinado
para que toda la familia cristiana
derramada por la sobrehaz de las tierras
quedase más estrechamente ligada
con un solo vínculo.

Concede, ¡oh Cristo!, a tus romanos
que sea cristiana la ciudad
por cuyo ministerio concediste a todas las otras
que fuesen partícipes en una sola religión.

Ya por este mismo símbolo divino
los pueblos son miembros unidos;
el sojuzgado mundo se amansa;
amánsese también la cabeza suprema.

Las plagas más aplastadas y distantes
confluyan en una misma fuente de gracia;
Rómulo tórnese fiel;
y el mismo Numa sea creyente.

El error de Troya ofusca
todavía la curia de los Catones
y en lo más secreto de sus lares
venera los desterrados penates de los frigios;
todavía el Senado rinde culto

a Jano bifronte y me repugna mentar
tan feos errores al dios Estercolario,
y festeja al viejo helado Saturno.

Borra, ¡oh Cristo!, este vituperio;
envía a tu ángel Gabriel
para que la obcecada descendencia de Julio
conozca al Dios verdadero.

Y ya tenemos aquí los cristianos
prendas firmísimas de esta esperanza;
pues aquí ya reinan
los dos príncipes de los Apóstoles.

Uno, evangelizador de las gentes;
el otro, poseedor de la Cátedra suprema,
que abre las puertas de la eternidad
que le fueron confiadas.

Apártate, Júpiter adúltero,
manchado con el estupro de tu hermana;
deja ya a Roma libre
y huye ya de la plebe de Cristo.

Ya Pablo te echa de aquí;
la sangre de Pedro de aquí te derroca;
y recae sobre ti el crimen de Nerón
que tú mismo habías armado.

Veo a un Príncipe futuro,
siervo de Dios, que vendrá a su tiempo justo

y no permitirá que Roma
vuelva al viejo culto afrentoso;
que cerrará los templos desiertos,
que obstruirá las puertas ebúrneas,
que condenará los nefastos umbrales
y vedará que se abran los goznes de bronce.

Entonces, por fin, puros de sangre
sucia resplandecerán los mármoles;
se erguirán los bronces inocentes
en estatuas que ahora son adoradas como ídolos.

Liturgia cristiana primitiva

Gloria

Gloria a Dios en el cielo,
y en la tierra paz a los hombres que ama el Señor.
Por tu inmensa gloria
te alabamos,
te bendecimos,
te adoramos,
te glorificamos,
te damos gracias.
Señor Dios, Rey celestial,
Dios Padre todopoderoso.
Señor Hijo único, Jesucristo,
Señor Dios, Cordero de Dios,
Hijo del Padre:
tú que quitas el pecado del mundo,
ten piedad de nosotros;
tú que quitas el pecado del mundo,
atiende nuestra súplica;
tú que estás sentado a la derecha del Padre,
ten piedad de nosotros:
porque sólo tú eres santo,
sólo tú Señor,
sólo tú Altísimo, Jesucristo,
con el Espíritu Santo
en la gloria de Dios Padre.
Amén.

Plegaria eucarística

Te alabamos, Padre Santo,
porque eres grande,
porque hiciste todas las cosas con sabiduría y amor.
A imagen tuya creaste al hombre
y le encomendaste el universo entero,
para que, sirviéndote sólo a ti, su creador,
dominara todo lo creado.
Y cuando por desobediencia perdió tu amistad,
no lo abandonaste al poder de la muerte:
sino que, compadecido, tendiste la mano a todos,
para que te encuentre el que te busca.
Reiteraste, además, tu alianza a los hombres;
por los profetas los fuiste llevando con la esperanza
[de salvación.
Y tanto amaste al mundo, Padre Santo,
que, al cumplirse la plenitud de los tiempos,
nos enviaste como salvador a tu único Hijo.
El cual se encarnó por obra del Espíritu Santo,
nació de María la Virgen,
y así compartió en todo nuestra condición humana menos
[en el pecado;
anunció la salvación a los pobres,
la liberación a los oprimidos
y a los afligidos el consuelo.
Para cumplir tus designios,
él mismo se entregó a la muerte,
y, resucitando, destruyó la muerte y nos dio nueva vida.
Y porque no vivamos ya para nosotros mismos,
sino para él, que por nosotros murió y resucitó,

envió, Padre, desde tu seno al Espíritu Santo
como primicia para los creyentes,
a fin de santificar todas las cosas,
llevando a plenitud su obra en el mundo.
Que este mismo Espíritu
santifique, Señor, estas ofrendas,
para que sean
cuerpo y sangre de Jesucristo, nuestro Señor,
y así celebremos el gran misterio
que nos dejó como alianza eterna.
Porque él mismo,
llegada la hora en que había de ser glorificado
por ti, Padre Santo,
habiendo amado a los suyos
que estaban en el mundo,
los amó hasta el extremo.
Y mientras cenaba con sus discípulos,
tomó pan,
te bendijo,
lo partió
y se lo dio diciendo:
Tomad y comed todos de él
porque esto es mi cuerpo,
que será entregado por vosotros.
Del mismo modo,
tomó el cáliz lleno del fruto de la vid,
te dio las gracias,
y lo pasó a sus discípulos diciendo:
Tomad y bebed todos de él,
porque este es el cáliz de mi sangre,
sangre de la alianza nueva y eterna,

que será derramada por vosotros
y por todos los hombres
para el perdón de los pecados.
Haced esto en conmemoración mía.

Te Deum

A ti, oh Dios, alabamos; a ti, oh Señor, confesamos.
A ti, oh eterno Padre, toda tierra venera.
A ti, todos los ángeles; a ti, los cielos y las potestades todas.
A ti, los querubines y serafines con incesante voz te pro-
[claman:
santo, santo, santo, Señor Dios de los ejércitos,
llenos están los cielos y la tierra de la majestad de tu gloria.
A ti, el glorioso coro de los Apóstoles.
A ti, de los profetas el laudable número.
A ti, de los mártires el blanco ejército alaba.
A ti, por la redondez de la tierra la Santa Iglesia confiesa,
como Padre de majestad inmensa.
A tu venerado, verdadero y único Hijo,
también al santo Paráclito Espíritu.
Tú eres rey de la gloria, Cristo.
Tú eres del Padre el sempiterno Hijo.
Tú, al hacerte hombre, para liberarle,
no tuviste horror al seno de una Virgen.
Tú, vencido el aguijón de la muerte,
abriste a los creyentes los reinos de los cielos.
Tú a la diestra de Dios estás sentado,
en la gloria del Padre.
tú eres creído juez venidero.

A ti, pues, te rogamos socorras a tus siervos,
que con sangre preciosa redimiste.
Haz que juntamente con tus santos
en la eterna gloria seamos contados.
Salva, Señor, a tu pueblo,
y bendice tu heredad.
Y rígelos y levántalos hasta lo eterno.
Durante los días todos te bendecimos;
y alabamos tu nombre por los siglos y por los siglos
[de los siglos.
Dígnate tú, Señor, en este día
guardarnos sin pecado.
Compadécete, Señor, de nosotros;
compadécete de nosotros.
Cúmplase tu misericordia, Señor, sobre nosotros,
como hemos esperado en ti.
En ti, Señor, he esperado:
no sea eternamente confundido.

Monaquismo

> La oración de los primeros monjes, aunque de subida mística a retazos, generalmente es de ascética deploración de los propios pecados y de súplica deprecatoria a la misericordia divina. He aquí, por citar un solo ejemplo, del monje Evagrio:

¡Oh Dios, ten piedad de mí, pecador! ¡Oh Dios, perdóname mis ofensas! ¡Señor, purifícame de mi iniquidad, porque es grande! ¡Oh Creador mío, ten piedad de mi flaqueza! ¡Oh mi Señor y Autor, perdóname! Tus manos obraron en mí y me plasmaron; no dejes que perezca, Señor, que me formaste en un seno tenebroso y me hiciste salir a la luz de tu bondad, haz que salga de las tinieblas odiosas a la luz de tu conocimiento. Puesto que he salido del mundo, haz que no me embarace de nuevo en sus negocios. Puesto que deseché su concupiscencia, haz que no me manche de nuevo con ella. Ya que aparté de él mi rostro, haz que no me ponga a mirarle de nuevo. He abandonado mi heredad, he despreciado el afecto de mis amigos, he rechazado todas las cosas: es hacia ti hacia donde quiero ir. Pero se me han presentado mis pecados y me han hecho tropezar. Ladrones me asaltaron desde su emboscada para cogerme. Los deseos se yerguen contra mí como las olas del mar, Señor, no me abandones, antes bien envía a alguien de lo alto y líbrame, arráncame, retírame del mar de los pecados. Tengo una gran deuda de diez mil talentos y hasta hoy no he pagado nada; ten paciencia conmigo y te lo devolveré todo. No renegaré de tu amor, pues eres tú quien me ha formado de la tierra, quien extiende su mano sobre mí y me guarda.

Primeros heterodoxos

Oración de alabanza

En la literatura apócrifa es donde encontramos el sentir más popular de los primeros cristianos.
Las oraciones que siguen están sacadas de los *Hechos de Juan,* el más antiguo de los apócrifos de los apóstoles.

Cuán poderoso eres, Señor Jesucristo, no lo sé.
Admiro tu gran misericordia y tu longitud infinita.
¡Qué grandeza se hizo esclava!
¡Qué libertad por nosotros encadenada!
¡Oh insondable gloria, venida a nosotros!

Plegaria a la Cruz

En los *Hechos apócrifos de Pedro,* de finales del siglo II, encontramos estas estrofas que san Pedro dirige a la cruz en la que va a sufrir martirio:

¡Oh nombre de la cruz, misterio escondido!
¡Oh gracia inenarrable, que expresa el nombre de la cruz!
¡Oh naturaleza humana que no puede separarse de Dios,
a la que no pueden expresar labios manchados!

Oración de los mártires

> También en los *Hechos apócrifos de Pedro,* hallamos, lo mismo que en la narración del martirio de san Policarpo, esta oración que reza san Pedro ya clavado en la cruz. Esta oración se repite en los relatos apócrifos de los martirios de otros santos.

Todo esto me lo has hecho conocer tú, tú me lo has revelado, ¡oh Longos!, a quien acabo de llamar árbol de vida; yo te doy gracias, no con labios clavados, ni con la lengua que propaga verdad y mentira, ni con la palabra que se propaga por el artificio de una naturaleza terrena; yo te doy gracias, ¡oh rey!, con esta voz que es percibida en el silencio, que no se oye abiertamente, que no se emite por los órganos del cuerpo, que no penetra los oídos de la carne, que no es oída por un ser corruptible, que no está en este cosmos ni se propaga por la tierra, que no está escrita en libros, que no es de uno sin ser de otro. Con esta voz, Jesucristo, te doy gracias. Con el silencio de esta voz, el Espíritu que está en mí te ama, te habla y te contempla.

Tú no eres conocido más que por el Espíritu solo. Tú eres para mí padre, tú eres para mí madre, tú eres para mí hermano, tú eres amigo, tú eres siervo, tú eres intendente, tú eres el todo y el todo está en ti. Tú eres el ser, y nada existe fuera de ti solo. Te pedimos, pues, lo que tú has prometido darnos; ¡oh Jesús sin mácula!, te alabamos, te damos gracias, te confesamos, glorificándote nosotros, hombres todavía débiles, porque tú solo eres Dios y no hay otro fuera de ti: a la gloria ahora y por los siglos de los siglos. Amén.

Loa a los mártires

> La literatura referente a los mártires de la primitiva Iglesia cristiana es muy abundante, y constituye uno de los más impresionantes testimonios de los primeros siglos de la Iglesia. En las actas del martirio de san Fructuoso se ha conservado esta loa a los mártires.

¡Oh bienaventurados mártires, que fueron probados por el fuego, como oro precioso, vestidos de la gloria de la fe y del yelmo de la salvación; que fueron coronados con diadema y corona inmarcesible, porque pisotearon la cabeza del diablo! ¡Oh bienaventurados mártires, que merecieron morada digna en el cielo, de pie a la derecha de Cristo, bendiciendo a Dios Padre omnipotente y a nuestro Señor Jesucristo, hijo suyo!

Oración litúrgica de acción de gracias

> La oración que sigue, también de los *Hechos de Juan,* es una pieza maestra dentro de la literatura de la liturgia eucarística.

Glorificamos tu nombre
que nos ha convertido de nuestro extravío
y de los embustes sin piedad.
Te glorificamos
de haber hecho ver a nuestros ojos lo que vemos.
Damos testimonio de tu benevolencia
que brilla de múltiples maneras.
Alabamos tu nombre bienaventurado, Señor,

a ti, que has convencido a los que han sido convencidos
[por ti.
Te damos gracias, Señor Jesucristo,
de creer en tu gracia inmutable.
Te damos gracias
de haber tomado nuestra naturaleza para salvarla.
Te damos gracias
de habernos dado una fe segura,
porque tú solo eres ahora y siempre.
Nosotros, tus esclavos, te damos gracias.
¡Oh santo!, estamos reunidos con intención recta,
y los que han resucitado de entre los muertos.

Oración para después de la homilía

¡Oh tú que has tejido esta corona a tu cabellera, Jesús!
¡Oh tú que has adornado con todas las flores la flor
[impasible de tu rostro.
¡Oh tú que has sembrado todas estas palabras!
¡Oh tú, el único que te cuidas de tus siervos,
único médico que te cura gratuitamente,
único bienhechor y sin orgullo,
único misericordioso y amigo de los hombres,
único soberano y justo:
tú lo ves siempre todo, tú estás presente en todo,
tú lo contienes y llenas todo, Jesucristo, Señor Dios!
¡Oh tú que por tus dones y piedad proteges a los que
[esperan en ti!

¡Oh tú que conoces perfectamente los ardides y ataques que nuestro eterno adversario prepara contra nosotros, tú solo, Señor, socorres a tus siervos por tu visita!
Sí, Señor.

Hechos de Juan, 107.

Acción de gracias para después de la Eucaristía

¿Qué alabanza, qué ofrenda, qué acción de gracias invocaremos al romper este pan, sino a ti solo, Señor Jesús?
Glorificamos tu nombre, dado por el Padre,
glorificamos tu nombre, dado por el Hijo,
glorificamos tu entrada por la puerta,
glorificamos tu resurrección, manifestada por ti a nosotros,
glorificamos de ti el camino,
glorificamos de ti la siembra, el verbo, la gracia, la fe, la sal, la piedra preciosa, el tesoro, la red, el carro, la grandeza, la diadema, el que por nosotros se ha llamado hijo del hombre, el que nos ha dado la verdad, la paz, el conocimiento, el poder, la regla, la seguridad, la esperanza, la caridad, la libertad, el refugio en ti.
Porque tú sólo, tú eres, Señor, la raíz de la inmortalidad y la fuente de la incorrupción, el sostén de los siglos.
Tú has sido llamado así por causa nuestra, para que, nombrándote de esta manera, conozcamos tu grandeza, al presente invisible, solamente visible a los que son puntos, a imagen de tu humanidad única.

Hechos de Juan, 107.

Oración por los pastores de los fieles

> En el libro *Homilías*, apócrifo, que se atribuyó a san Clemente, encontramos esta plegaria para la ordenación de un obispo:

Dueño y Señor del universo, Padre y Dios que guardas al pastor con el rebaño;
tú eres la razón de ser,
tú eres el poder, nosotros los socorridos,
tú eres el socorro, médico, salvador, baluarte, vida, esperanza, refugio, alegría, la espera, el descanso.
Tú lo eres todo para nosotros: obra, guarda, protege el bien eterno de la salud.
Tú lo puedes todo: porque eres cabeza de los que mandan, el Señor de los señores, el dueño de los reyes.
Concede al que preside el poder
de desatar lo que se debe desatar, de atar lo que se debe atar; tu hacer sabio. Guarda por tu acción la Iglesia de tu Cristo como una hermosa novia.
Porque tuya es la gloria eterna: el himno al Padre y al Hijo y al Espíritu Santo, por todos los siglos. Amén.

Gnósticos

> Los grandes maestros gnósticos fueron hombres llenos de un profundo afán intelectual y religioso, temperamentalmente rebeldes a toda institucionalización dogmática o jurídica. Peca, como sistema ideológico, de un exceso de fantasía mítica y de una sobreabundancia de emoción religiosa. Es un fenómeno heterodoxo que pervive a través de la historia de la Iglesia.

Ven, Jesús, con tu poder victorioso y habita en este óleo, como antes tu poder habitó en el árbol, cuya voz no pudieron soportar los que te crucificaban. Venga tu don de gracia, con el que, habiendo alentado contra tus enemigos, los derribaste por tierra, de espaldas, y les hiciste caer de cabeza al suelo.

Maniqueísmo

> Mani reconoce como precursores de su Revelación de la Verdad (categoría religiosa de típico carácter iranio) a Zoroastro, que habría aportado la doctrina de la lucha entre la Luz y las Tinieblas, a Buda, que habría formalizado la vida ascética, y a Jesús, que habría realizado el ideal moral sobre la tierra y hecho además la promesa del Paráclito, él mismo, Mani, que vendría a consumar y perfeccionar la Revelación. Asimismo, en su sistema tienen acogida elementos indios, babilonios y gnósticos.

Al verdadero Dios la Ley pura, desde que a ella llegamos,
la Ley de las Dos Raíces y de los Tres Momentos,
                                                        [conocemos.
La Raíz de la Luz, Reino de Dios,
La Raíz de la Tiniebla, Reino infernal, conocemos.

Si por cierto: cuando aún no sabemos que había Tierra y Cielo, Dios (y) Demonio han batallado;

Luz (y) Tiniebla, cómo se han mezclado,
Cielo y Tierra, quién los ha creado, conocemos.

Sí por cierto: Tierra y Cielo recibirá la Nada;
como Luz (y) Tinieblas serán separadas,
y lo que después será, conocemos.

Al dios Azrua, al Dios Sol y Luna, al poderoso Dios
                                                  [de los Burkhanes
(nos) volveremos, confiamos;

Oyentes (de ellos) nos hemos hecho,
con cuatro Sellos de Luz hemos sellado nuestro corazón:

para amar, el Sello del dios Azrua,
para temer, el Sello del Dios Cinco,
(para poseer la Sabiduría) el Sello de los Burkhanes.

Confesiones de fe.

Liturgia mozárabe

> El rito mozárabe, llamado por unos isidoriano, por otros gótico y por otros toledano o mozárabe, fue el rito en el que celebraron sus funciones litúrgica s los cristianos que vivieron bajo la tolerante dominación musulmana en España. Este rito cedió su lugar al introducirse el rito romano en el siglo XI, y de él apenas si queda una débil reminiscencia en la capilla mozárabe de la catedral de Toledo.

Himno al Creador

Oh Creador del esplendoroso firmamento, que destinaste a la luna para iluminar las noches, y estableciste que el sol, con su ordenado andar, señalase el ritmo de los días, aleja ya la noche lúgubre, renazca el resplandor del universo, ya un renovado vigor incita el alma a emprender apacibles quehaceres.

El día renacido invita a cantarte loas y el rostro benigno del cielo sosiega nuestros corazones.

¡Arriba, alejémonos de toda impureza! Que el espíritu rechace toda maldad, que la vileza no empañe la vida, que el pecado no ensucie la lengua.

Que mientras el sol nos da la luz matutina, se avive la fe, se incite la esperanza del reino prometido, y la caridad nos una con Cristo.

Himno de completas

Oh benigno Creador de la luz, tú mismo luz inmensa, luz en la que se refleja el santo y eterno Cristo, y en cuya unidad de poder participa el santo espíritu.

Aleja las sombras de esta noche lúgubre. Ahuyenta, te lo pedimos, las asechanzas de la serpiente, y a nosotros, armados con el signo de la cruz y fortificados con tu nombre, sálvanos.

El maligno, que con innumerables ardides engaña las criaturas abrumándolas de culpas, y ahora se gloria proclamándose vencedor, sepa que será vencido por el poder del Omnipotente.

Padre inmortal, pastor de todos, desbarata los asaltos del astuto enemigo, concédenos la luz perenne de tu santidad, para que no temamos el sendero oscuro.

Excelso Redentor, Rey de toda la tierra, acoge benigno las lágrimas de los pecadores, aplasta al enemigo artero y haznos partícipes, oh Salvador, de la bienaventuranza de la vida eterna.

Haz que esta noche transcurra en calma, aleja de nosotros al enemigo funesto, que el signo de la cruz triunfe de todo mal. Te lo pedimos, oh Cristo, quédate con nosotros.

Gloria y honor, poder y virtud, al Dios ingénito, a su hijo, Cristo, y al Espíritu Santo paráclito, bajo cuya palabra se iluminan todos los siglos.

Piedad medieval

San Bernardo

> San Bernardo de Claraval (1090-1153), fundador de la orden cisterciense, se distinguió por su devoción a la Virgen y por la elocuencia de sus escritos que gozaron de gran autoridad en la Edad Media.

Acordaos, oh piadosísima Virgen María, que jamás se ha oído decir que uno solo de cuantos han acudido a vuestra protección e implorado vuestro socorro, haya sido desamparado de vos. Yo pecador, animado con tal confianza, acudo a Vos, oh Madre, Virgen de las vírgenes, a Vos vengo, delante de Vos me presento gimiendo. No queráis, oh Madre del Verbo, despreciar mis súplicas; antes bien, oídlas y despachadlas benignamente. Amén.

San Anselmo

> San Anselmo nació en Aosta en 1033. Fue obispo de Canterbury, donde murió en 1109. De su célebre obra *Meditaciones y oraciones* presentamos las dos siguientes invocaciones:

Oración a santa María

¡Oh santa y, después de Dios, entre los santos particularmente santa, oh María, madre de una admirable virginidad, de una amable fecundidad, que has dado a luz al Hijo del

Altísimo, que has traído al mundo al Salvador de este género humano entregado a la muerte! ¡Oh soberana, de santidad deslumbradora y de dignidad eminente, y que has sido dotada de un poder y de una bondad que no son menores! ¡Oh engendradora de la vida, madre de la salvación, templo de dulzura y misericordia!, delante de ti desea presentarse mi alma desgraciada, languideciendo de las enfermedades de sus vicios, desgarrada con las llagas de sus crímenes, infectada con las úlceras de sus infamias; es como una moribunda, y quisiera poder suplicarte que te dignases curarla por el poder de tus méritos y piadosas oraciones. ¡Oh dulce Señora!, mi alma ha llegado a ser como extraña a sí misma y de una insensibilidad cruel; apenas si se da cuenta de su estado de completa languidez. Tan llena se encuentra de manchas y de infección, que teme que tu rostro compasivo se aparte de ella; es tal su desesperación, que se abandona y no espera ya que tu mirada se vuelva hacia ella, y sus labios están mudos para la oración...

¡Oh bendita entre todas las mujeres, que vences en pureza a los ángeles, que superas a los santos en piedad! Mi espíritu moribundo aspira a una mirada de tu gran benignidad, pero se avergüenza al aspecto de tan hermoso brillo. ¡Oh Señora mía!, yo quisiera suplicarte que, por una mirada de tu misericordia, curases las llagas y úlceras de mis pecados; pero estoy confuso ante ti a causa de su infección y suciedad. Tengo vergüenza, ¡oh Señora mía!, de mostrarme a ti en mis impurezas tan horribles, por temor de que tú a tu vez tengas horror de mí a causa de ellas, y, sin embargo, yo no puedo, desgraciado de mí, ser visto sin ellas...

¡Oh María tiernamente poderosa, poderosamente tierna, de la que ha salido la fuente de las misericordias!, no detengas, te suplico, esa misericordia tan verdadera, allí donde reconoces tan verdadera miseria. Porque si yo, por mi parte, me siento confundido por la torpeza de mis iniquidades frente a tu santidad deslumbradora, tú, por lo menos, ¡oh Señora mía!, no tienes que avergonzarte de tus sentimientos misericordiosos, tan naturales con un desgraciado. Si yo confieso mi iniquidad, ¿me rehusarás tu benevolencia? Si mi miseria es mayor de lo que debería ser, tu misericordia será menos de lo que conviene? ¡Oh Señora mía!, tanto más indignas son mis faltas ante la presencia de Dios y la tuya, tanto más necesidad tienen de ser curadas gracias a tu intervención. Cura, pues, ¡oh muy clemente!, mi debilidad, borra esta fealdad que os ofende; quítame, ¡oh muy benigna!, esta enfermedad, y no sentirás esa infección que tanto te repugna; haz, ¡oh muy dulce!, que no tenga más remordimientos, y no habrá nada que pueda desagradar a tu pureza; hazlo así, ¡oh Señora mía!, escúchame. Cura el alma del pecador, tu servidor, por la virtud del fruto bendito de tu seno, de aquel que está sentado a la diestra de su Padre Todopoderoso, digno de alabanza y de gloria por encima de todo y por todos los siglos.

Oración de la santa Cruz

¡Oh santa Cruz, cuya vista nos recuerda aquella otra sobre la cual nuestro Señor Jesucristo nos ha arrancado, por su propia muerte, a la muerte eterna, hacia la cual desgraciadamente nos precipitábamos, y por la cual nos ha resucitado a la vida eterna, que el pecado nos había hecho perder! Adoro, venero y glorifico en ti esta cruz que tú nos representas, y en ella a ese mismo misericordioso Señor; por ella ha realizado su obra de misericordia. ¡Oh cruz amable, en la que están nuestra salvación, nuestra vida y nuestra resurrección! ¡Oh madera preciosa, por la que fuimos salvados y liberados! ¡Oh símbolo venerable, con el que hemos sido señalados por Dios! ¡Oh cruz gloriosa, en la que únicamente debemos gloriarnos...!

¿Cómo entonces alabarte? ¿De qué manera exaltarte? ¿Con qué corazón rogarte? ¿Con qué placer me glorificaré yo en ti? Por ti ha sido despojado el infierno, ha sido cerrado a todos aquellos que han sido rescatados por ti. Por ti los demonios han sido aterrorizados, oprimidos, vencidos y aplastados. Por ti el mundo ha quedado renovado y embellecido, gracias a la verdad que resplandece y a la justicia que reina en él. Por ti, la naturaleza humana, pecadora, queda justificada; condenada, ha sido salvada; muerta, ha sido resucitada. Por ti esta ciudad bienaventurada del cielo ha sido restaurada y perfeccionada. Por ti, Dios, el Hijo de Dios ha querido por nosotros hacerse obediente a su Padre hasta la muerte, por lo cual, levantado desde la tierra, ha recibido un hombre que está por encima de todo nombre. Por ti ha preparado su trono y restablecido su reino...

Que sobre ti y en ti sea, pues, mi gloria, por ti y en ti mi verdadera esperanza. Que por ti queden borrados mis pecados, que por ti mi alma muera a su vida antigua y resucite a una nueva vida de justicia. Haz, te ruego, que, habiéndome lavado en el bautismo de los pecados en que fui concebido y he nacido, me purifique de nuevo de aquellos que he contraído desde mi nacimiento a esta segunda vida, y que así llegue por ti a estos bienes, para los cuales el hombre ha sido creado, gracias al mismo Jesucristo nuestro Señor, el cual sea bendito por todos los siglos. Así sea.

Stabat Mater

Dolida la Madre estaba
junto a la cruz y lloraba,
mientras el Hijo pendía.

Y ¿cuál hombre no llorara
si a la Madre contemplara
de Cristo en tanto dolor?

Por los pecados del mundo,
vio a Jesús en tan profundo
tormento y tanto rigor.

Oh Madre, fuente de amor,
hazme sentir tu dolor
para que llore contigo.

Y que, por mi Cristo amado,
mi corazón, abrasado,
más viva en él que conmigo. Amén.

Cántico al hermano Sol

> Escrito por san Francisco de Asís (1182-1226), fundador de las órdenes franciscanas, que tanto contribuyeron a la renovación religiosa medieval.

Altísimo, omnipotente, buen Señor;
tuyos son los loores, la gloria, el honor y toda bendición.

A ti solo, Altísimo, convienen
y ningún hombre es digno de hacer de ti mención.
Loado seas, mi Señor, con todas sus criaturas,
especialmente el hermano Sol,
el cual hace el día y nos da la luz.
Y es bello y radiante con grande esplendor;
de ti, Altísimo, lleva significación.

Loado seas, mi Señor, por la hermana Luna
                            [y las estrellas;
en el cielo las has formado claras, preciosas y bellas.

Loado seas, mi Señor, por el hermano Viento,
y por el aire, nublado, sereno, y en todo tiempo,
por el cual a tus criaturas das sustentamiento.

Loado seas, mi Señor, por la hermana Agua,
la cual es muy útil, humilde, preciosa y casta.

Loado seas, mi Señor, por el hermano Fuego,
con el cual alumbras la noche,
y es bello, jocundo, robusto y fuerte.

Loado seas, mi Señor, por nuestra hermana madre Tierra,
la cual nos sustenta, gobierna,
y produce diversos frutos con coloridas flores y hierbas.

Loado seas, mi Señor, por quienes perdonan por tu amor
y soportan enfermedad y tribulación.
Bienaventurados los que sufren en paz,
pues de ti, Altísimo, coronados serán.

Plegaria a la eucaristía de san Buenaventura

> San Buenaventura (1221-1274), obispo de Albano y cardenal, fue el místico más destacado de la escuela franciscana.

Traspasa, dulcísimo Jesús y Señor mío, los senos más escondidos de mi alma con el suavísimo y saludabilísimo dardo de tu amor y de una verdadera y pura caridad, tal como la que llenaba el corazón de los santos Apóstoles, a fin de que desfallezca y se derrita sólo en amor por Ti y en deseo de poseerte. Que ansíe por Ti, que desfallezca en tus atrios, y que no aspire más que a verse libre para unirse contigo. Haz que mi alma tenga hambre de Ti, oh Pan de los Ángeles, alimento de almas santas, pan nuestro cotidiano, lleno de fortaleza, de dulzura, de suavidad, que a cuantos con él se nutren hace sentir las delicias de su sabor. ¡Oh Jesús!, a quien los ángeles desean siempre contemplar, haced que mi corazón sin cesar tenga hambre de Ti, se alimente de Ti, y lo más profundo de mi alma sea regalado con la dulzura de tus delicias.

Que mi corazón tenga siempre sed de Ti, oh fuente de vida, manantial de sabiduría y de ciencia, río de luz eterna, torrente de delicias, abundancia de la casa de Dios. Que no ambicione otra cosa sino poseerte, que te busque y te encuentre, que a Ti me dirija y a Ti llegue, en Ti piense, de Ti hable y todo lo haga en loor y gloria de tu nombre, con humildad y discreción, con amor y deleite, con facilidad y afecto, con perseverancia hasta el fin; y que Tu solo seas siempre mi esperanza, toda mi confianza, mi riqueza, mi deleite, mi contento, mi gozo, mi descanso y mi tranquilidad, mi paz, mi suavidad, mi olor, mi dulzura, mi alimento, mi comida, mi refugio, mi auxilio, mi sabiduría, mi heredad, mi posesión, mi tesoro, en el cual esté siempre fija, firme y hondamente arraigada mi alma y mi corazón. Amén.

Plegaria de santo Tomás de Aquino

> Santo Tomás de Aquino (1225-1274), el teólogo cristiano más importante, escribió también himnos y oraciones que se conservan todavía hoy en las liturgias y devocionarios.

Gracias te doy, Señor Dios, Padre todopoderoso, por todos los beneficios y señaladamente porque has querido admitirme a la participación del sacratísimo cuerpo y sangre de tu Unigénito Hijo. Suplícote, Padre clementísimo, que esta Sagrada Comunión no sea para mi alma lazo ni ocasión de castigo, sino intercesión saludable para el perdón; sea armadura de mi fe, escudo de mi buena voluntad, muerte de todos mis vicios, exterminio de todos mis carnales apetitos y aumento de caridad, paciencia y verdadera humildad y de todas las virtudes; sea perfecto sosiego de mi cuerpo y de mi espíritu, firme defensora contra todos mis enemigos visibles e invisibles, perpetua unión contigo sólo, mi verdadero Dios y Señor, y sello feliz de mi dichosa muerte. Y te ruego que tengas por bien llevarme a mí, pecador, a aquel convite inefable donde Tú, con tu Hijo y el Espíritu Santo, eres para tus santos luz verdadera, satisfacción cumplida y gozo perdurable, dicha completa y felicidad perfecta. Amén.

Lauda Sion Salvatorem

Alaba, alma mía, a tu Salvador; alaba a tu guía y pastor con himnos y cánticos.

Pregona su gloria cuanto puedas porque Él está sobre toda alabanza, y jamás podrás alabarle lo bastante.

El tema de nuestros loores es el pan vivo que da vida.

El cual no dudamos fue dado en la mesa de la sagrada cena a los doce Apóstoles.

Sea, pues, llena, sea sonora, sea alegre, sea pura la alabanza de nuestra alma.

Porque celebramos solemnemente el día en que este divino Banquete fue instituido.

En esta mesa del nuevo Rey, la Pascua de la Nueva Ley pone fin a la Pascua antigua.

Este nuevo rito sustituye al antiguo; las sombras se disipan ante la verdad y la luz ahuyenta la noche.

Lo que Jesucristo hizo en la Cena, mandó que se haga en memoria suya.

Instruidos con sus santos mandatos, consagramos el pan y el vino, que se convierten en Hostia de salvación.

Es dogma para los cristianos, que el pan se convierte en carne, y el vino en sangre.

Lo que no comprendes y no ves, una fe viva lo atestigua, fuera de todo el orden de la naturaleza.

Bajo diversas especies, que son accidente y no substancia, están ocultos los dones más preciados.

Su carne es alimento y su sangre bebida; mas todo entero está bajo cada especie.

Se recibe íntegro, sin que se le quebrante ni divida; recíbese todo entero.

Recíbenlo los buenos y los malos; pero con desigual resultado, pues no se consume al ser tomado.

Recíbenlo los buenos y los malos; pero con desigual resultado, pues sirve a unos de vida y a otros de muerte.

Es muerte para los malos, y vida para los buenos; mira cómo un mismo alimento produce efectos tan diversos.

Cuando se divide el Sacramento, no vaciles, sino recuerda que Jesucristo tan entero está en cada parte como antes en el todo. Ninguna partición hay en la sustancia, tan sólo hay partición de los accidentes, sin que se disminuya ni el estado, ni la estatura del que está representado.

He aquí el Pan de los Ángeles, hecho alimento de viandantes; es verdaderamente el pan de los hijos, que no debe ser echado a los perros.

Estuvo ya representado por las figuras de la antigua Ley, en la inmolación de Isaac, en el sacrificio del Cordero Pascual, y en el Maná dado a nuestros padres.

Buen pastor, pan verdadero, ¡oh Jesús!, apiádate de nosotros. Apacéntanos y protégenos; haz que veamos los bienes en la tierra de los vivientes.

Tú, que todo lo sabes y puedes, que nos apacientas aquí cuando somos aún mortales, haznos allí tus comensales, coherederos y compañeros de los santos ciudadanos.

Amén. Aleluya.

Himno eucarístico de santo Tomás.

Adoro te devote

Adórote devotamente, oculta Deidad,
que bajo estas sagradas Especies te ocultas verdaderamente.
A Ti mi corazón se somete totalmente,
pues al contemplarte, se siente desfallecer por completo.

La vista, el tacto, el gusto, al juzgar de Ti, se equivocan;
sólo con el oído se llega a tener fe segura.
Creo que dijo el Hijo de Dios,
nada hay más verdadero que esta palabra de la Verdad.

En la Cruz se ocultaba sólo la Divinidad,
mas aquí se oculta hasta la humanidad.
Pero yo, creyendo y confesando entrambas cosas,
pido lo que pidió el ladrón arrepentido.

Tus llagas no las veo, como las vio Tomás;
pero te confieso por Dios mío.
Haz que yo crea en Ti más y más,
que espere en Ti y te ame.

¡Oh recordatorio de la muerte del Señor!
¡Oh pan vivo, que das vida al hombre!
Da a mi alma que de Ti viva y acierte
siempre a disfrutar de tu dulce sabor.

Piadoso pelícano, Jesús Señor,
límpiame a mí, inmundo, con tu sangre;
una gota de ésta puede limpiar
al mundo entero de todo pecado.

¡Oh Jesús, a quien ahora veo velado!
pídote que se cumpla aquello que yo tanto anhelo:
Que, viéndote finalmente cara a cara,
sea yo dichoso con la vista de tu gloria. Amén.

Himno eucarístico de santo Tomás..

Invocación a la Virgen, de Dante Alighieri

El canto 33 del Paraíso de la *Divina Comedia* del Dante (1265-1321), empieza con esta célebre invocación a la Virgen:

Virgen madre, hija de tu Hijo, la más humilde y alta de las criaturas, término fijo de la eterna voluntad, tú eres quien la humana naturaleza ennobleciste, de modo que su hacedor no desdeñó convertirse en su hechura. En tu vientre se encendió el amor, por cuyo calor, en la eterna paz, esta flor germinó. Aquí eres, entre nosotros, meridiana luz de la caridad, y allá abajo, entre los mortales, fuente viva de esperanza. Mujer, eres tan grande y tanto vales, que quien desea una gracia y no recurre a ti, quiere que su deseo vuele sin alas. Tu benignidad no sólo socorre a quien pide, sino que muchas veces libremente se anticipa a la petición. En ti la misericordia, la piedad, la magnificencia, se reúnen con toda bondad que se pueda encontrar en la criatura. Este, pues, que desde la caridad más honda del universo hasta aquí ha visto las existencias espirituales una a una, te suplica la gracia de tal virtud, que pueda con los ojos elevarse más arriba, hacia la salud suprema. Y yo, que nunca ardí en deseos de ver más de lo que quiero para él, todos mis ruegos te dirijo y pido que no sean insuficientes para que tú disipes todas las nubes de su condición mortal con tus súplicas, de modo que se descubra el sumo placer. Aun te ruego, reina, que puedes todo lo que quieres, que conserves sanos, después de tanto ver los afectos suyos. Venza tu guarda los humanos impulsos. Mira a Beatriz, que con los bienaventurados junta sus manos secundando mi ruego.

Ramón Llull

>Ramón Llull (1232-1315), infatigable escritor y misionero, nació en Palma de Mallorca y, según la tradición, sufrió martirio en Bujía en uno de sus intentos misioneros de convertir los pueblos islámicos. La mística luliana es una de las más importantes y originales de la Edad Media.

INVOCACIÓN A LAS VIRTUDES DE DIOS

¡Bondad divina!, tú, que eres infinitamente grande en eternidad, tú eres soberano bien, de donde nace todo otro bien; y de tu gran bien viene todo el bien grande y pequeño que haya; y de tu eternidad viene toda otra duración; y, así, en todo cuanto eres bien en grandeza y eternidad, te adoro, te invoco y te amo sobre todo mi entendimiento y mi memoria; y, por esto, te pido que el bien que me has dado me lo hagas grande y durable en loarte y servirte en todo aquello que pertenece a tu honor.

¡Grandeza eterna en poder!, tú eres mucho mayor de lo que puedo decir, recordar, entender y amar; y, por esto, te ruega mi poder que le hagas grande y durable en recordar, entender y amar mucho a tu gran poder, que es y puede ser infinito y eterno, de cuya influencia esperamos acá abajo la gracia y bendición, por la cual seamos grandes y durables y podamos vivir contigo eternamente.

¡Eternidad, tú que tienes poder de saber sin fin y sin principio!, tú me has principiado para durar sin fin; tú me has creado, tú tienes poder de salvarme o de condenarme. Todo lo que harás de mí y de todos los demás lo sabe eternamente tu saber y lo puede eternamente tu poder, porque en tu eternidad no hay alteración ni mudanza alguna. No tengo yo poder de saber a qué me has de juzgar, porque mi poder y saber tienen su principio; y, así, por cualquier cosa que haga de mí, plégate que en este mundo mi poder y mi saber y mi duración sea siempre a mayor honra y servicio tuyo y para alabar tu honor...

¡Amor divino! Tu virtud es más verdadera que ninguna otra virtud; y por esto eres tú amor más verdadero que cualquiera otro amor, y tu virtud es más verdadera que cualquiera otra virtud; porque si es verdadera la virtud que tiene el sol en iluminar y la del fuego en calentar, mucho más verdadera es la virtud que tienes tú en amar, por cuanto entre el sol y su resplandor y entre el fuego y su calor hay diferencia, pero entre tu amor, virtud y verdad no cabe diferencia esencialmente. Y cuanto tu amor pone en verdad, todo lo hace con virtud infinita y eternal en amar a la verdad; y cuanto hacen los cuerpos celestes y los demás, lo hacen con virtud finida, con tiempo y cantidad. Luego, como esto sea así, a ti, amor, virtud y verdad, me obligo y sujeto por todos los días de mi vida a honrar tus honores y anunciar a los infieles y a los devotos cristianos la verdad de la virtud de tus amores.

Invocación a Jesucristo

Jesucristo, Señor, ¡ah, si viviese
en aquel tiempo en que vos nacisteis,
y os viese niño pequeño,
desnudas vuestras carnes,
escaso el lecho,
pobre de pañales,
lleno de bondad!

¡Ah, como me enamoraría
al veros, teneros, tocaros,
y luchar contra el orgullo,
viendo al rey del cielo y del trueno
yacer en tan pobre lecho!

¡Ah, quién fuese en aquel tiempo nacido
en que Jesús fue niño pequeño,
y todo el día ir con él,
estar con él, con él jugar!

¡Ah, cuán jubiloso de placer!
¡Ah, quién iba a querer más!
¡Y cuando Jesús cumpliera la edad,
servirlo según sus deseos!
¡Y cuando fue maniatado y preso,
su compañero ser
en el grave trance de la pasión!
¡No habrá hombre alguno
que pueda alcanzar de la muerte
gozo mayor!

Plegaria de Tomás de Kempis

> La *Imitación de Cristo,* atribuida al monje alemán Tomás de Kempis, ha sido uno de los libros más leídos de la literatura mística cristiana.

¡Amantísimo y dulcísimo Jesús!, concédeme que descanse en ti sobre todas las cosas creadas; sobre toda salud y hermosura; sobre toda gloria y honor; sobre toda fama y alabanza: sobre toda suavidad y consolación; sobre toda esperanza y promesa; sobre todo merecimiento y deseo; sobre todos los dones y regalos que puedas dar y enviar; sobre todo contento y dulzura que el alma puede recibir y sentir, y, en fin, sobre todos los ángeles y arcángeles; sobre todo el ejército celestial; sobre todo lo visible e invisible, y sobre todo lo que no es lo que eres Tú, Dios mío.

Porque tú, Señor Dios mío, eres bueno sobre todo; Tú solo, altísimo; Tú solo, potentísimo; Tú solo, suficientísimo y llenísimo; Tú solo, hermosísimo y amantísimo; Tú solo, nobilísimo y gloriosísimo sobre todas las cosas, en quien están, estuvieron y estarán siempre todos los bienes perfecta y simultáneamente. Por ello cualquier cosa que me das o prometes o de ti me revelas, es poco e insuficiente, no viéndote ni poseyéndote a ti cumplidamente.

Porque mi corazón no puede descansar del todo y estar plenamente satisfecho si no descansa en ti y no se eleva sobre todos los dones y sobre todo lo criado.

¡Oh, Jesucristo, Esposo mío amantísimo, amador purísimo, Señor de todas las criaturas! ¡Quién me diera alas de verdadera libertad para volar y descansar en ti!

¡Oh!, ¿cuándo me será concedido ocuparme en ti cumplidamente, y ver cuán suave eres, Señor Dios mío?

¿Cuándo me recogeré del todo en ti, para que lleno de tu amor, no me sienta a mí sino a ti solo sobre todo sentido y modo, y de manera no por todos conocida?

Por ahora muchas veces gimo y lloro y llevo mi felicidad con dolor.

Porque en este valle de miserias acaecen muchos males que me turban a menudo, me entristecen y me ofuscan; con frecuencia me impiden y distraen, halagan y embarazan, para impedirme la entrada a ti y no goce de tus suaves abrazos, de los cuales gozan sin ningún impedimento los espíritus bienaventurados.

Muévante mis suspiros y la gran desolación que hay en la tierra.

¡Oh Jesús, resplandor de la eterna gloria, consuelo del alma que camina peregrinando! Delante de ti está mi boca sin voz, y mi silencio te habla. ¿Cuánto tardará en venir mi Señor?

Venga a mí, pobrecito suyo, y lléneme de alegría. Extienda su mano, y libre a este miserable de toda angustia. ¡Ven, ven!, porque sin ti no tendré día ni hora alegre, tú eres mi gozo, y sin ti vacía está mi alma.

Miserable soy, y como encarcelado y preso con grillos, hasta que tú me recrees con la luz de tu presencia, me pongas en libertad y me muestres tu amigable rostro.

Busquen otros lo que quisieren en lugar de buscarte a ti; que a mí ninguna cosa me agrada sino tú, Dios mío, esperanza mía, salud eterna.

No callaré, ni cesaré de clamar, hasta que tu gracia vuelva y me hables interiormente.

El porqué de la Encarnación y de la Pasión

> Enrique Susón, al juntar la teología dialéctica de sus maestros Taulero y Eckhart con los métodos experimentales y al fijar su concepto de Dios en la Sabiduría Eterna, encarnada y doliente, da a sus descripciones un patetismo admirable. El *Librito de la Eterna Sabiduría,* su obra maestra, del que ofrecemos un fragmento, es el más hermoso de la mística alemana.

SABIDURÍA. Ni tú ni ninguna criatura sois capaces de penetrar en el abismo insondable de los designios de mi Providencia sobre el gobierno del mundo. De mil maneras distintas puede salvar el género humano; pero dado como estaban las cosas, no era posible dar con otro medio que fuese más conveniente y provechoso.

El autor de la Naturaleza no tanto repara en lo que puede hacer, cuanto en lo que conviene hacer; y cuanto ha hecho más es para satisfacer las necesidades de sus criaturas que para hacer ostentación de su omnipotencia. ¿De qué otra manera podrían conocer mejor los hombres los secretos de Dios, que viéndome a mí vestido de su humanidad?

El hombre se había privado de la eterna ventura por dejarse ir tras un amor desordenado, y en este estado le era de todo punto imposible volver al principio de toda felicidad, a no ser por el camino del dolor y del sufrimiento. Y ¿cómo había de dar con este camino desconocido y dificultoso, si Dios en persona no iba delante de él para guiarle sus pasos? Imagínate que estando tú condenado a muerte, un amigo se ofrece a sufrir la sentencia y morir por ti. Dirías: en verdad que este mi amigo no ha podido darme muestra mayor de la sinceridad y grandeza de su amistad, y no encuentro de qué otra manera hubiera podido merecer mejor el cariño de mi alma.

Esto, pues, es lo que ha hecho mi amor infinito, mi misericordia infinita, mi divinidad, mi humanidad, mi amor para contigo; y todo por ver de llamarte, por atraerte, para llegar a convencerte de que debes amarme como yo te he amado. ¿Qué corazón habrá tan de piedra que se resista a semejante amor? No tienes más que pensar y ver si en toda la creación pude yo encontrar otro modo más magnífico de satisfacer a la divina Justicia, de hacer alarde de mi misericordia, ensalzar la naturaleza y mostrarte a ti los tesoros de mi bondad. No lo encontrarás, porque nada mejor para reconciliar la tierra con el cielo, que la sabiduría de la Cruz y los tormentos de mi muerte.

DISCÍPULO. ¡Oh, Sabiduría Eterna!; ahora se abren mis ojos, y empiezo a ver los destellos de vuestra Verdad. Comprendo que vuestra Pasión y vuestra muerte son las más elocuentes demostraciones de vuestro amor; pero, ¡Jesús mío!, a un cuerpo tan flaco y endeble como el mío creo que le será muy difícil seguiros hasta el Calvario.

SABIDURÍA. No temas desfallecer en este camino de mi Cruz, pues todo, la Cruz misma, se hace tan fácil, tan ligera, tan llevadera, a los que de verdad aman a Dios con todo su corazón, que ni les ocurre siquiera pronunciar una queja o prorrumpir el lamentos. Nadie en este mundo disfruta de más consuelos que aquellos que me ayudan a llevar la Cruz, pues todas mis dulzuras se derraman abundantes sobre el alma que bebe hasta las heces el cáliz de mis amarguras, el fruto es de exquisita suavidad y dulzura; y toda pena parece pequeña teniendo ante los ojos la recompensa a que conduce.

Ármate, pues, de luces, piensa en mis promesas, y de cuando en cuando levanta los ojos y mira tu corona. Sígueme con confianza, que quien conmigo comienza esta lucha ya casi tiene la victoria al alcance de sus manos.

Balduino de Canterbury

PLEGARIA PARA LA UNIÓN FRATERNA

Guárdame, Señor, guárdame del grave pecado que yo tanto temo: del odio de tu amor. Que no peque contra el Espíritu Santo que es amor y vínculo de unidad, paz y concordia; que no me separe de la unidad de tu Espíritu, de la unidad de tu paz, cometiendo el pecado que no será perdonado ni sobre la tierra ni más tarde. Consérvame, Señor, entre mis hermanos y mis próximos.

Hermanos carísimos, velemos con cuidado por todo lo que toca a la profesión para anunciar la paz, por la gracia de nuestro Señor Jesucristo y la caridad de Dios y la comunicación del Espíritu Santo. De la caridad de Dios procede la unidad del espíritu; de la gracia de nuestro Señor Jesucristo, el vínculo de la paz; de la comunicación del Espíritu Santo, esa comunión que es necesaria a los que viven en común para que su vida sea verdadera en común.

Esta unidad que en nosotros opera la caridad de Dios, es conservada en el vínculo de la paz por la gracia de nuestro Señor Jesucristo. Él mismo es nuestra Paz, que de los dos pueblos hizo uno solo, en cuyo nacimiento cantaron los ángeles: «Gloria a Dios en las alturas, y en la tierra paz a los hombres de buena voluntad»; y que, en el momento de subir al cielo, dijo a sus discípulos: «Mi paz os dejo, mi paz os doy».

¿Qué paz es esta que nos ha sido dada por Cristo, y en cuyo vínculo se ha conservado la unidad del espíritu? Es la caridad mutua por la que nos amamos los unos a los otros, y que no se rompe si hablamos lo mismo y si no hay entre nosotros cismas. El bienaventurado Pedro nos lo advirtió: «Ante todo, mantened sin cesar la caridad». ¿Qué caridad es esta, sino a la vez la mía y la tuya, de suerte que yo hable de ella a quien amo?

Tal es, pues, la ley de la vida común: la unidad del espíritu en la caridad de Dios, el vínculo de la paz en una mutua y continua caridad de todos los hermanos, la comunicación de todos los bienes, siendo relegada lejos del plan de la santa religión toda ocasión de propiedad. Para que todas estas disposiciones estén y permanezcan en nosotros, y no tengamos más que un solo corazón y una sola alma y todas las cosas comunes, «que la gracia de nuestro Señor Jesucristo y la caridad de Dios y la comunicación del Espíritu Santo sea con todos vosotros». Amén.

Creo, Señor, en el Espíritu Santo, la santa Iglesia católica, la comunión de los santos. Mi esperanza, mi confianza, toda mi seguridad está en la confesión de mi fe: en la bondad del Espíritu Santo, en la unidad de la Iglesia católica, en la comunión de los santos.

Si me es dado, Señor, amarte y amar a mi prójimo, aunque mis méritos sean pocos, mi esperanza se levanta muy por encima. Tengo confianza de que por la comunión de la caridad me serán útiles los méritos de los santos, y que así la comunión de los santos suplirá mi insuficiencia y mi imperfección. El Profeta me consuela diciendo: «He visto el fin de toda consumación, tu mandato es inmensamente amplio». ¡Oh caridad ancha y dilatadora, cuán grande es tu morada, y cuán inmenso el lugar de tu posesión!

Para no ser cerrados de entrañas, no nos encerremos en los límites de una justicia cualquiera. La caridad dilata nuestra esperanza hasta la comunión de los santos, en la comunión de recompensas; pero ésta concierta a los tiempos futuros, es la comunión de la gloria que será revelada en nosotros.

Hay, pues, tres comuniones: la comunión de la naturaleza, a la que se han añadido la comunión de la culpa y la de la ira; la comunión de la gracia; y, finalmente, la de la gloria. Por la comunión de la gracia comienza a ser restablecida la comunión de la naturaleza y es excluida la de la culpa; pero por la comunión de la gloria la de la naturaleza será reparada en perfección, y será enteramente excluida la de la ira, cuando Dios enjugará toda lágrima de los ojos de los santos. Entonces todos los santos tendrán como un corazón único y un alma única; y todas las cosas serán comunes, pues Dios será todo en todos. Para que arribemos a esta comunión y nos juntemos todos en unidad, «que la gracia de nuestro Señor Jesucristo, y la caridad de Dios, y la comunidad del Espíritu Santo sea siempre con todos nosotros. Amén».

Espiritualidad española

Gozos de Santa María, del Arcipreste de Hita

> Juan Ruiz, Arcipreste de Hita, murió en 1350. En su *Libro de Buen Amor*, amalgama de composiciones de temas muy diversos, hay oraciones que transcriben devociones populares en la Edad Media.

¡Oh, María!
luz del día,
tú me guías
todavía;
dame gracia de bendición,
de Jesús consolación:
que pueda, con devoción,
cantar de tu alegría.

Señora, hoy al pecador,
que tu Fijo, el Salvador,
por nos dició
del cielo, en ti morador;
el que pariste, blanca flor,
por nos murió.
Pecadores no aborrescas
pues por ellos ser merescas
madre de Dios;
ant'él connusco parescas,
nuestras almas le ofrezcas,
ruégal por nos.

Villancico de Juan del Encina

Juan del Encina (1469-1529), es autor de transición entre la tradición medieval y la renovación renacentista. Su obra lírica conserva la ingenua religiosidad popular de los cancioneros medievales.

¿A quién debo yo llamar
Vida mía,
Sino a ti, Virgen María:

Todos te deben servir,
Virgen y Madre de Dios,
Que siempre ruegas por nos
Y tú nos haces vivir.
Nunca me verán decir
Vida mía,
Sino a ti, Virgen María

Duélete, Virgen, de mí;
Mira bien nuestro dolor;
Qu'este mundo pecador
No puede vevir sin ti.
No llamo desde nací
Vida mía,
Sino a ti, Virgen María

Tanta fue tu perfección
Y de tanto merecer,
Que de ti quiso nacer
Quien fue nuestra redención;

No hay otra consolación,
Vida mía,
Sino a ti, Virgen María

El tesoro divino
En tu vientre se encerró,
Tan preciosa que libró
todo el linaje humano.
¿A quién quejaré mi mal,
Vida mía,
Sino a ti, Virgen María?

Tú sellaste nuestra fe
Con el sello de la cruz:
Tú pariste nuestra luz,
Dios de ti nacido fue.
Nunca, jamás llamaré
Vida mía,
Sino a ti, Virgen María.

Soneto a Cristo Crucificado

> El famoso soneto a Cristo Crucificado ha sido atribuido a todos los místicos españoles, desde santa Teresa a san Francisco Javier. Actualmente todos los críticos lo consideran de autor anónimo.

No me mueve mi Dios para quererte
el cielo que me tienes prometido,

ni me mueve el infierno tan temido
para dejar por eso de ofenderte.

Tú me mueves, Señor; muéveme el verte
clavado en una cruz y escarnecido,
muéveme ver tu cuerpo tan herido
muévenme tus afrentas y tu muerte.

Muéveme, en fin, tu amor, en tal manera,
que aunque no hubiera cielo yo te amara
y aunque no hubiera infierno te temiera;

No me tienes que dar porque te quiera,
porque aunque cuanto espero no esperara,
lo mismo que te quiero te quisiera.

Oblación de san Ignacio de Loyola

> San Ignacio de Loyola, fundador de la Compañía de Jesús, nació en Loyola (Guipúzcoa) en 1491, y murió en Roma el año 1556. De los *Ejercicios Espirituales,* una de las obras maestras de la mística católica, ofrecemos esta célebre plegaria:

Tomad, Señor, toda mi libertad, mi memoria, mi entendimiento y toda mi voluntad, todo mi haber y mi poseer. Vos me lo disteis, a Vos, Señor, lo torno; todo es vuestro; disponed de ello conforme a vuestra voluntad.

Dadme vuestro amor y gracia, que esta me basta, sin que os pida otra cosa.

Oraciones de santa Teresa

Sor Teresa de Jesús (1515-1582) nació en Ávila, y dedicó toda su vida a la reforma de la orden carmelita y a escribir. Sus obras constituyen uno de los más preclaros monumentos de la literatura mística mundial. De su obra más importante, *Las Moradas* o *Castillo interior* ofrecemos las siguientes oraciones. Recientemente, Pablo VI ha sancionado su magisterio espiritual con el título de Doctora de la Iglesia.

¡Oh, mi poderoso Dios, qué grandes son vuestros secretos, y qué diferentes las cosas del espíritu a cuanto por acá se puede ver, ni entender, pues con ninguna cosa se puede declarar esta tan pequeña, para las muy grandes que obráis con las almas! Hace en ella tan gran operación, que se está deshaciendo de deseo, y no sabe qué pedir, porque claramente le parece que está con ella su Dios. Diréisme, pues, si esto entiende, ¿qué desea? ¿o qué le da pena? ¿Qué mayor bien quiere? No lo sé; sé que parece le llega a las entrañas esta pena, y que, cuando de ellas saca la saeta el que la hiere, verdaderamente parece que se las lleva tras sí, según el sentimiento de amor siente.

¡Oh, pobre mariposilla, atada con tantas cadenas, que no te dejan volar lo que querrías! Habed lástima, mi Dios; ordenad ya de manera que ella pueda cumplir en algo sus deseos para vuestra honra y gloria. No os acordéis de lo poco que lo merece, y de su bajo natural: poderoso sois Vos, Señor, para que la gran mar se retire, y el gran Jordán, y dejen pasar los hijos de Israel: no la hayáis lástima, que con vuestra fortaleza ayudada, puede pasar muchos trabajos. Ella está determinada a ello, y los desea padecer: alargad, Señor, vuestro poderoso brazo, no se le pase la vida en cosas tan bajas. Parézcase vuestra grandeza en cosa tan femenil y baja, para que entendiendo el mundo que no es nada de ella, os alaben a Vos, cuéstele lo que le costare, que eso quiere, y dar mil vidas, porque un alma os alabe un poquito más a su causa, si tantas tuviera; y las da por muy bien empleadas, y entiende con toda verdad que no merece padecer por Vos un muy pequeño trabajo, cuanto más morir.

¡Oh Hermosura que excedéis
a todas las hermosuras!
Sin herir dolor hacéis,
y sin dolor deshacéis
el amor de las criaturas.

¡Oh nudo que así juntáis
dos cosas tan desiguales!
no sé por qué os desatáis,
pues atado fuerza dais
a tener por bien los males.

Juntáis quien no tiene ser
con el Ser que no se acaba:
sin acabar acabáis,
sin tener que amar amáis,
engrandecéis nuestra nada.

Cántico espiritual de san Juan de la Cruz

San Juan de la Cruz (1542-1591), nació en Fontiveros (Ávila) y fue religioso carmelita. Ayudó a santa Teresa en la reforma de la orden. En su obra literaria encontramos un alto misticismo, alejado del mundo terreno y sólo dirigido a almas selectas. De su *Cántico Espiritual*.

Estando abstente de ti;
¿Qué vida puedo tener,
Sino muerte padescer,
La mayor que nunca vi?
Lástima tengo de mí,
Pues de suerte perservero,
Que muero porque no muero.

El pez que del agua sale,
Aun de alivio no caresce,
Que en la muerte que padesce,
Al fin la muerte le vale;
¿Qué muerte habrá que se iguale
A mi vivir lastimero,
Pues si más vivo más muero?

Cuando me pienso aliviar
De verte en el Sacramento,
Háceme más sentimiento
El no te poder gozar;
Todo es para más penar,
Por no verte como quiero,
Y muero porque no muero.

Y si me gozo, Señor,
Con esperanza de verte,
En ver que puedo perderte
Se me dobla mi dolor:
Viviendo en tanto pavor,
Y esperando como espero,
Muérome porque no muero.

Sácame de aquesta muerte,
Mi Dios, y dame la vida;
No me tengas impedida
En este lazo tan fuerte;
Mira que peno por verte,
Y mi mal es tan entero,
Que muero porque no muero.

Lloraré mi muerte ya,
Y lamentaré mi vida
En tanto que detenida
Por mis pecados está.
¡Oh, mi Dios! ¿cuándo será?
Cuando yo diga de vero:
Vivo ya porque no muero.

En la Ascensión, de Fray Luis de León

> Fray Luis de León (1527-1591), uno de los clásicos del siglo de oro español, dedicó su vida a estudios de carácter bíblico y teológico y fue profesor de la universidad de Salamanca. Fue perseguido por la Inquisición, y estuvo en la cárcel durante cuatro años donde escribió su más divulgada obra *De los nombres de Cristo*.

¿Y dejas, Pastor santo,
tu grey en este valle hondo, oscuro,
con soledad y llanto;
y tú, rompiendo el puro
aire, te vas al inmortal seguro?

¿Los antes bienhadados,
y los ahora tristes y afligidos,
a tus pechos criados,
de ti desposeídos,
a dó convertirían ya sus sentidos?

¿Qué mirarán los ojos
que vieron de tu rostro la hermosura,
que no les sea enojos?
Quien oyó tu dulzura,
¿qué no tendrá por sordo y desventura?

Aquesta mar turbado,
¿quién le pondrá ya freno? ¿Quién concierto
al viento fiero, airado?
Estando tú encubierto,
¿qué norte guiará la nave al puerto?

Plegaria-meditación de Fray Luis de Granada

> Fray Luis de Granada es el más eximio representante de la literatura ascética del siglo de oro español. Una de sus obras más importantes es precisamente el *Libro de la oración y la meditación,* tratado ascético para ejercitarse en la devoción. He aquí un ejemplo, sacado de esta obra, en el que por la meditación de la vida de Jesús nos incita a orar.

Maravillado y atónito san Pedro, como viese al Señor arrodillado delante de sí, comenzó a decir: «¿Tú, Señor, lavas a mí los pies? ¿No eres Tú Hijo de Dios vivo? ¿No eres Tú el Criador del mundo, la hermosura del Cielo, el paraíso de los ángeles, el remedio de los hombres, el resplandor de la gloria del Padre, la fuente de sabiduría de Dios en las alturas? ¿Pues Tú me quieres lavar a mí los pies? Tú, Señor de tanta majestad y gloria, ¿quieres entender en oficio de tan gran bajeza? ¿Tú, que fundaste la tierra sobre sus cimientos y la hermoseaste con tantas maravillas? ¿Tú, que encierras el mundo en la mano, mueves los cielos, gobiernas la tierra, divides las aguas, ordenas los tiempos, dispones las causas, beatificas los ángeles, enderezas los hombres y riges con tu sabiduría todas las cosas? ¿Tú me has de lavar a mí los pies? ¿A mí que soy un hombre mortal, un poco de tierra y ceniza, un vaso de corrupción, una criatura llena de vanidad, de ignorancia y de otras infinitas miserias, y lo que es sobre toda miseria, llena de pecados? ¿Tú, Señor, a mí? ¿Tú, Señor de todas las cosas, a mí, el más bajo de todas ellas? La alteza de tu majestad y la profundidad de mi miseria me hacen fuerza que tal cosa no consienta. Deja, pues, Señor mío, deja para los siervos este oficio, quita esa toalla, toma tus vestiduras, siéntate en tu silla y no me laves los pies. Mira que no se avergüencen de esto los Cielos, viendo que con esta ceremonia los pones debajo de la tierra; pues las manos en quien el Padre puso los Cielos y todas las cosas, vienes a poner debajo de los pies de los hombres. Mira no se afrente de esto toda la naturaleza criada, viéndose puesta debajo de otros pies que los tuyos. Mira no te desprecie la hija del rey Saúl, viéndote con este lienzo vestido a manera de siervo, y diga que no quiere recibir por esposo ni por Dios al que ve entender en oficio tan vil».

Soneto de Lope de Vega

Pastor que con tus silbos amoroso
me despertaste del profundo sueño;
tú que hiciste cayado de ese leño
en que tiendes los brazos poderosos.

Vuelve los ojos a mi fe piadosos,
pues te confieso por mi amor y dueño,
y la palabra de seguirte empeño,
tus dulces silbos y tus pies hermosos.

Oye, Pastor, que por amores mueres:
no te espante el rigor de mis pecados,
pues tan amigo de rendidos eres.

Espera, pues, y escucha mis cuidados;
¿pero cómo te digo que me esperes,
si estás, para esperar, los pies clavados?

Liturgia de la Iglesia Luterana

> *La liturgia de la Iglesia Luterana fue establecida esencialmente por Lutero. El único cambio fundamental introducido en el culto actual consiste en el abandono del latín para dar paso a las lenguas modernas y a la mayor importancia que se da al canto congregacional y al sermón. Toda la liturgia luterana se inspira en el culto de los primeros cristianos.*

Oración para la comunión

Señor, Dios todopoderoso, te damos gracias porque te has dignado renovarnos con este tu don saludable, y te suplicamos que por tu gracia nos fortalezcas por medio de este mismo don en fe para contigo, y en amor ferviente el uno para con el otro: por Jesucristo, tu amado Hijo, nuestro Señor, que vive y reina contigo y con el Espíritu Santo, siempre un solo Dios, por los siglos de los siglos.

Oh Dios Padre celestial, fuente y origen de toda bondad, que misericordiosamente enviaste al mundo a tu Hijo unigénito, el Verbo encarnado: te damos gracias porque en este sacramento nos has dado perdón y paz; y te suplicamos que siempre dirijas nuestros corazones y nuestras mentes por tu Espíritu Santo, de modo que podamos servirte constantemente: por Jesucristo, nuestro Señor, que vive y reina contigo y con el Espíritu Santo, siempre un solo Dios, por los siglos de los siglos.

Al Dios todopoderoso y eterno

Todopoderoso y eterno Dios, que eres digno de recibir alabanzas y reverencia de todos los hombres, de todo corazón te damos gracias por las innumerables bendiciones que de ti hemos recibido, a pesar de que no hay mérito alguno de nuestra parte.

Te alabamos por tu Palabra salvadora y las ordenanzas sagradas de tu casa. Rogámoste, Señor, que concedas a tu Iglesia por el mundo entero, pureza de doctrina y pastores fieles que prediquen tu Palabra con poder; y que a todos los que la escuchan, les ayudes a entenderla correctamente y a creerla con sinceridad. Sé tú el protector y defensor de tu pueblo en todo tiempo de tribulación y de peligro; y haz que nosotros tus siervos, en comunión con tu iglesia y en unidad fraternal con todos los creyentes, podamos pelear la buena batalla de la fe, y cuando llegue el fin de nuestra vida en este mundo, recibir de tu gracia la corona de la vida eterna.

Concede tu divina gracia a todos los pueblos de la tierra. Especialmente te encomendamos a nuestro país, con todos sus habitantes y autoridades constituidas, para que lo bendigas y lo dirijas según tu beneplácito. Haz que tu gloria se manifieste entre nosotros, que la misericordia y la verdad, la justicia y la paz prevalezcan por doquiera. Con este fin te encomendamos todas nuestras escuelas y te pedimos que las hagas centros de conocimientos útiles y de virtudes cristianas.

Bondadosamente defiéndenos de incendios e inundaciones, de guerra y epidemias, de sequías y tempestades, de escasez y de hambre. Protege, Señor, a toda persona en su trabajo y permite que se extiendan a nuestro pueblo la investigación y el estudio de la ciencia y que se cultiven las bellas artes. Sé tú el Dios y Padre de las viudas y de los niños huérfanos, el socorro del enfermo y del necesitado, el consolador del olvidado y del afligido.

Y como somos extranjeros y peregrinos en esta tierra, ayúdanos para que con fe sincera y una vida santa nos preparemos para el mundo venidero, haciendo la obra que tú nos has encomendado que hagamos mientras haya oportunidad, antes que venga el día que cese todo trabajo. Y cuando toque a su fin nuestra vida aquí, sostennos con tu divino poder y luego recíbenos misericordiosamente en tus moradas eternas: por Jesucristo, tu Hijo, nuestro Señor, que vive y reina contigo y con el Espíritu Santo, siempre un solo Dios, por los siglos de los siglos. Amén.

De la liturgia para funerales

Misericordioso Dios, Padre celestial, ¡cuán incomprensibles son tus juicios e inescrutables tus caminos! Estamos atribulados, mas no angustiados; en apuros, mas no desesperados; abatidos, mas no perecemos. Tú, Señor, conoces nuestra condición; te acuerdas de que somos carne y polvo. Lo vil del mundo y lo menospreciado escogiste, para que ninguna carne se jacte en tu presencia. Bástanos tu gracia, ¡oh, Dios!, porque tu potencia en la flaqueza se perfecciona. Danos la plenitud de tu gracia para que seamos diligentes en el uso de tu Palabra y tus sacramentos, a fin de que tengamos el poder necesario para resistir las asechanzas del diablo, el que sólo busca la destrucción de nuestras almas, nuestras mentes y nuestros cuerpos. No permitas que nos jactemos de nuestros propios esfuerzos, sino haz que siempre estemos atentos a tu Palabra. Tú nos has dicho que el que piensa estar firme, mire no caiga. En esta hora en que nuestros corazones están embargados de tristeza y dolor, nos sometemos humildemente a tu divina voluntad y nos entregamos a tu amante y paternal dirección. Guíanos, Señor, con tu diestra, y finalmente recíbenos en tu gloria: por Jesucristo, tu Hijo, nuestro único mediador y redentor. Amén.

Liturgia de la Iglesia Protestante Episcopal

Colecta por la paz

> La característica más destacada de la Liturgia de la Iglesia Protestante Episcopal es su contenido bíblico. Del Orden para la Oración Matutina ofrecemos estas dos plegarias:

Oh Dios, que eres autor de la paz y amante de la concordia; conocerte es vida eterna, y servirte, plena libertad. Defiende a estos tus humildes siervos de todos los asaltos de nuestros enemigos, para que, confiando seguramente en tu protección, no temamos la astucia de ningún adversario, mediante el poder de Jesucristo nuestro Señor. Amén.

Oración por toda la humanidad

Oh Dios, Creador y conservador del género humano, te rogamos humildemente por los hombres de todas clases y condiciones; suplicándote que te dignes a hacerles conocer tus caminos, y tu salud eterna a todas las naciones. Y más especialmente te rogamos por tu santa Iglesia universal; para que sea dirigida y gobernada por tu santo espíritu, a fin de que todos los que profesan y se llama cristianos sean conducidos por el camino de la verdad, y guarden la fe en unidad de espíritu, en vínculo de paz y en rectitud de vida. Y, finalmente, encomendamos a tu bondad paternal a todos los que de cualquier manera están afligidos, o angustiados, en mente, cuerpo, o haberes (especialmente aquellos por los cuales se desean nuestras oraciones); suplicándote los consueles y alivies, según sus diversas necesidades; dándoles paciencia en sus sufrimientos, y una feliz liberación de todas sus aflicciones. Y esto pedimos por amor de Jesucristo nuestro Señor. Amén.

Liturgia de la Iglesia Reformada

> La liturgia de la Iglesia Reformada fue fijada por Calvino. Las versiones contemporáneas tienden a asociar más estrechamente a la congregación con los cultos.

Para pedir el perdón de los pecados

Señor Dios, Padre eterno y omnipotente, reconocemos y confesamos delante de tu santa Majestad que somos pobres pecadores, nacidos en la iniquidad, inclinados al mal e incapaces por nosotros mismos de practicar el bien. Confesamos haber quebrantado diariamente y de distintas maneras tus santos mandamientos, y merecer así, por tu justa sentencia, la condenación y la muerte. Pero, oh Señor, sentimos un vivo dolor por haberte ofendido y nos condenamos a nosotros mismos y nuestras transgresiones con un verdadero arrepentimiento; acudimos a tu gracia y te suplicamos nos socorras en nuestra miseria.

Ten piedad de nosotros, oh Dios de toda bondad, Padre misericordioso, y perdona nuestros pecados, por el amor de Jesucristo, tu Hijo, nuestro Salvador.

Concédenos y aumenta cada día en nosotros las gracias de tu santo espíritu, a fin de que reconociendo siempre más nuestras faltas, nos arrepintamos y renunciemos a ellas de todo nuestro corazón y llevemos frutos de justicia y de santidad que te sean agradables, por Jesucristo, nuestro Señor. Amén.

Oración de intercesión

Señor, tú que nos has ordenado amarnos con tu amor, triunfa sobre todo lo que nos divide, de modo que, perdonándonos los unos a los otros, podamos presentarte con corazones unánimes nuestra oración.

Dios de toda misericordia, traemos ante tu presencia a los pobres y a los afligidos, a los enfermos y a los moribundos, a los prisioneros y a los solitarios y a todos los que sufren, cualesquiera sean sus padecimientos.

Acuérdate de nuestros seres queridos, y de aquellos que han solicitado el socorro de nuestras oraciones. Te presentamos sus nombres en el secreto de nuestros corazones.

Oh soberano Señor del mundo, en cuya mano está el destino de todas las naciones, te rogamos por nuestra patria. sostén en sus funciones a todos aquellos que están en autoridad entre nosotros. Dirige a los gobernantes de las naciones, y concede paz al mundo, para que todos podamos vivir y servirte en justicia y libertad.

Vela sobre tu Iglesia que combate sobre la tierra. Apiádate de su debilidad, pon término a sus diversiones, disipa sus temores, acrecienta su valentía, afirma su fe, inspira su testimonio en medio de este pueblo y hasta los confines de este mundo.

Liturgia de la Iglesia Evangélica Valdense

La oración que presentamos está sacada de *Liturgia,* manual publicado por la Colonia Valdense de Uruguay, que es traducción y adaptación del texto original italiano de culto valdense. La liturgia valdense no tiene carácter normativo, sino indicativo, dejando un amplio margen a la espontaneidad.

Plegaria de adoración y agradecimiento

Oh Señor y Padre nuestro celestial, tú nos creaste a tu imagen, nos diste la mente para buscarte, la conciencia para sentirte, el corazón para amarte. Tú provees a nuestras necesidades, respondes a nuestras aspiraciones, nos colmas de beneficios... te ofrecemos alabanza, agradecimiento y adoración. Cuando caímos, tú nos levantaste; cuando nos perdimos, tú nos buscaste; cuando estábamos muertos en nuestros errores y en nuestros pecados, tú por medio de Jesucristo nos atrajiste a la vida eterna... Por todas estas gracias, bendecimos, oh Señor, tu santo nombre; e impulsados por un sentimiento de amor filial, venimos una vez más a consagrar nuestra vida a ti. En tus manos colocamos nuestro cuerpo, nuestra alma, nuestro espíritu. Santifícanos, oh Señor; haznos pobres en espíritu, a fin de que sea nuestro el Reino de los cielos. Ayúdanos a llorar sobre nuestras culpas, para que seamos consolados por tu gracia. Vuélvenos mansos, para que podamos conquistar el mundo. Aumente en nosotros el hambre y la sed de justicia, y permítenos hartarnos de ella. Haznos misericordiosos, a fin que obtengamos misericordia. Purifica nuestro corazón, para que podamos ver tu rostro. Ayúdanos a procurar la paz a nuestro alrededor, de modo que seamos llamados hijos de Dios. Y si tuviéramos que sufrir por causa de la justicia, bástenos tu aprobación y hallemos en ello nuestra bienaventuranza.

Señor, te encomendamos nuestra Iglesia, la obra que cumple, los ministros que la dirigen; te suplicamos que bendigas nuestra patria, al jefe del Estado y a todas las autoridades constituidas. Te imploramos por nuestras familias. Te rogamos por los enfermos, por los pobres, por los afligidos, por los que ceden a la tentación y por los que dejan endurecer su corazón por la indiferencia… Y ahora, mediante la predicación de tu Evangelio, acércate a nosotros. Y así como te pedimos que bendigas el anuncio de la buena nueva, donde quiera haya sido o sea proclamada en este día, te suplicamos no permitas que nuestra mente sea distraída o cerrado nuestro corazón. Tu Palabra es la buena semilla; haz que nuestras almas estén listas para recibirla y dejarla brotar, crecer y llevar frutos en abundancia.

Oh santo espíritu, cumple tú en nosotros esta obra, que te imploramos en el nombre de Jesucristo nuestro Señor, bendito eternamente. Amén.

Liturgia de la Comunidad monástica de Taizé

La comunidad monástica de Taizé ha adquirido últimamente gran importancia por las reuniones ecuménicas que organiza cada año entre católicos, protestantes y ortodoxos. De la obra *Office de Taizé* traducimos las dos plegarias siguientes:

Plegaria del Oficio de Navidad

Jesús, Hijo de Dios vivo, esplendor del Padre, luz eterna, rey de gloria, sol de justicia, hijo de la Virgen María.
Gloria a ti, Señor.

Jesús, te amamos y te adoramos; tú que eres consejero maravilloso, Dios fuerte, Señor eterno, príncipe de la paz.
Gloria a ti, Señor.

Jesús, Dios de paz, fuente de vida, ejemplo de santidad, amigo de los hombres, nuestro Dios, nuestro refugio.
Gloria a ti, Señor.

Jesús, padre de los pobres, tesoro de los fieles, buen pastor, luz verdadera, sabiduría inagotable, bondad sin límites, nuestro camino y nuestra vida.
Gloria a ti, Señor.

Jesús, alegría de los ángeles, rey de los patriarcas, maestro de los apóstoles, doctor de los evangelistas, fuerza de los mártires, luz de los que dan testimonio de la verdad, corona de los santos.
Gloria a ti, Señor.

Oh Dios nuestro, Señor y Salvador de todos, tú que amas a los hombres, otórganos, pese a nuestras debilidades, la salvación que nos has preparado y concedido; límpianos de toda hipocresía, para que todos, unos con otros, vivamos unidos con el vínculo de la paz y de la caridad; confírmanos en la santificación y en el conocimiento de tu Verdad, Jesucristo, tu Hijo, nuestro Señor. Amén.

Oficio por la unidad de los cristianos

Damos gracias a Dios porque nos ha unido a él y, por medio del sacrificio de Cristo en la cruz, nos ha unido también unos con otros: por nuestra unión contigo y por tu eterna presencia en tu Iglesia.
Te damos gracias, Señor.

Por la acción del Espíritu Santo que, en el mundo entero, renueva la vida de la Iglesia y su dimensión misionera.
Te damos gracias, Señor.

Por los frutos de los sufrimientos de tu Iglesia, que complementa lo que falta a los sufrimientos de todo el cuerpo y afianza su unión contigo.
Te damos gracias, Señor.

Por los dones recibidos de ti, pese a nuestras separaciones, y porque hemos aprendido a compartirlos juntos en el movimiento ecuménico.
Te damos gracias, Señor.

En presencia de nuestro Señor Jesucristo, repitamos y confesemos humildemente nuestros pecados:

Por la poca importancia que hemos dado a tu plegaria por la unidad de los tuyos hecha en vísperas de tu pasión, y por el dolor que te hemos causado con nuestras separaciones.
Perdónanos, Señor.

Por nuestras actitudes de indiferencia, de autosuficiencia, por ignorarnos mutuamente, por nuestros mutuos prejuicios, por nuestra falta de humildad y de apertura hacia un recíproco enriquecimiento.
Perdónanos, Señor.

Por nuestras desabridas controversias, por nuestras ironías y mezquindad de espíritu hacia nuestros hermanos cristianos, por nuestra hostilidad y violencia mutua.
Perdónanos, Señor.

Por el pecado de haber levantado entre nuestros hijos fronteras de razas y naciones y puesto barreras sociales y culturales.
Perdónanos, Señor.

Por la tibieza de nuestro amor, y la insuficiencia de nuestra intercesión en favor de nuestros hermanos cristianos.
Perdónanos, Señor.

Por nuestra falta de celo y por el obstáculo que constituyen nuestras separaciones a la expansión del Evangelio.
Perdónanos, Señor.

Señor Dios, tú que enderezas nuestros errores, que reúnes nuestros esfuerzos dispersos y albergas todo lo que tenemos en común; difunde, en tu bondad, la gracia de la unidad que quieres entre el pueblo cristiano: haz que nos opongamos a la división para ser tus verdaderos servidores, unidos al verdadero Pastor de tu Iglesia, Jesucristo, tu Hijo, nuestro Señor, que vive y reina contigo, en la unidad del Espíritu Santo, un solo Dios, por los siglos de los siglos. Amén.

Liturgia de la Iglesia Española Reformada Episcopal

> La Iglesia Española Reformada Episcopal nació de una secesión de la Iglesia Católica Romana de España en 1870. Su figura central, Juan Bautista Cabrera, de las escuelas pías, no pretendía fundar una nueva iglesia, sino reformar la Iglesia española. Su doctrina está expuesta en su liturgia, que es expresión viva del pueblo de Dios. Admite los 39 Artículos de la Iglesia Anglicana. Su característica más destacada es su liturgia sacada en gran parte del rito visigótico o mozárabe, principalmente la Cena del Señor.

Oración de la Cena del Señor

Te suplicamos humildemente, oh Padre misericordioso, que por tu poderosa bondad te dignes bendecir y santificar para nuestro uso, con tu palabra y con tu Espíritu Santo, estos dones y criaturas tuyas de pan y vino; para que recibiéndolos conforme a la santa institución de tu Hijo nuestro Salvador Jesucristo, en memoria de su pasión y muerte, seamos participantes de su muy bendito cuerpo y sangre.

Y con fervor deseamos que de tu bondad paternal acepte benignamente este nuestro sacrificio y alabanza y hacimiento de gracias, suplicándote con humildad nos concedas que, por los méritos y la muerte de tu Hijo Jesucristo, y mediante nuestra fe en su sangre, nosotros y toda tu Iglesia obtengamos la remisión de nuestros pecados y todos los demás beneficios de su pasión.

Y aquí, Señor, nos presentamos y te hacemos ofrenda de nosotros mismos, nuestras almas y nuestros cuerpos, como un sacrificio racional, santo y vivo, para ti; rogándote humildemente que todos los que participemos en esta santa Comunión, seamos llenos de tu gracia y bendición celestial. Y aunque por nuestros muchos pecados seamos indignos de ofrecerte sacrificio alguno, con todo, te suplicamos que aceptes este nuestro homenaje y acto de deber, no pesando nuestros méritos, sino perdonando nuestras ofensas, mediante Jesucristo nuestro Señor; por quien y con quien, en la unidad del Espíritu Santo, sea todo honor y gloria a ti, Padre omnipotente, por siempre jamás. Amén.

Del Oficio para la Pascua o Resurrección de Jesucristo

Demos gracias al Señor.
¡Oh nuestro Dios y Padre! Cuán admirable es tu benevolencia y cuán grande el amor que has manifestado hacia los hombres, no por obras de justicia que hubiésemos hecho nosotros sino sólo por tu infinita misericordia.

Te damos gracias, oh Dios, porque Jesucristo nuestro Señor murió por nuestros pecados y resucitó para nuestra justificación; y porque fue declarado Hijo de Dios con potencia, para la resurrección de los muertos.

Te bendecimos, porque Jesús, aunque fue muerto, sin embargo vive, y vive para siempre, y tiene las llaves del infierno y de la muerte; y ni muere ya más ni la muerte tiene dominio sobre él.

Te alabamos, porque no dejaste que tu santo viese corrupción, mas soltaste los dolores de la muerte; y así mostraste a la casa de Israel, que al mismo Jesús a quien crucificaron, tú le has hecho Señor y Cristo.

Te glorificamos, porque Cristo para este fin murió, y resucitó, y vuelve a vivir, para ser Señor así de los muertos como de los que viven; y para que, o que velemos o que durmamos, vivamos juntamente con él.

Ahora, Señor, dígnate aceptar estas alabanzas y acciones de gracias, como espiritual sacrificio que te ofrecemos por medio de Jesús; y perdónanos todos los defectos que en este servicio hayamos cometido por causa de nuestras muchas fragilidades. ¡Oh Señor, Roca nuestra y Redentor nuestro! Que las palabras de nuestra boca y las meditaciones de nuestro corazón sean gratas delante de ti: concédenos lo que te pedimos, y llénanos de esperanza, gozo y paz, por amor de Jesucristo, nuestro bendito Salvador, que contigo y el Espíritu Santo vive y reina por los siglos de los siglos. Amén.

Anglicanismo

Fragmento de una oración matinal

Bendito seas, Señor, Dios nuestro,
Dios de nuestros padres,
que cambias en mañana la sombra de la muerte
e iluminas la faz de la tierra;
que separas las tinieblas del rostro de la luz
y mandas retirar la noche y haces volver el día;
que iluminas mis ojos
para que no me duerma en la muerte;
que me libras del terror de la noche
y de la peste que vaga en las tinieblas;
y el cansancio de mis párpados;
que haces surgir, para alabarte,
auroras y crepúsculos;
porque me acosté y me dormí,
y de nuevo me he levantado,
porque el Señor me ha sostenido;
y me he despertado y he mirado,
y mi sueño había sido dulce.
Disipa, como una espesa nube, mis transgresiones,
y como una niebla mis pecados;
que sea un hijo de luz,
un hijo del día,
que camine modestamente, santamente, honradamente,
en la claridad;
dígnate conservarme, en este día, sin pecado.
Puesto que el Hijo me ha liberado,

puedo gustar de mi libertad,
contemplarte de frente,
triunfar en tu gracia salvadora,
poner mis delicias en sondear tu gran proyecto,
glorificarme en tu honor perfecto.

Abba, Padre, escucha a tu hijo
reconciliado recientemente en Jesús.
Escucha y vierte todas las gracias,
toda la alegría, la paz y el poderío,
todo lo que mi Salvador solicite allá arriba,
toda la vida y el cielo del amor.

Celeste Adán, Vida divina,
cambia mi naturaleza en la tuya.
Introdúcete y muéstrate a través de mi alma.
Vivifícala y llénala toda:
que no sea yo ya ahora
quien viva en la carne, sino Tú.

Espíritu Santo, no tardes más.
Ven a habitar tu templo.
Muestra ahora tu testimonio interior,
fuerte, permanente y claro.
¡Fuente de vida, entrégate a mí!
¡Late Tú eternamente en mi corazón!

Lancelot Andrewes, 1555-1626.

Liturgia de la Iglesia Metodista

El reformador inglés John Wesley (1703-1791), fundador de la Iglesia Metodista, trazó las líneas generales de la liturgia metodista inspiradas en el célebre *Libro de Oración Común* de la Iglesia Anglicana. De este libro decía Wesley: «Creo que no hay en el mundo... una liturgia que respire una piedad más sólida, bíblica y racional que el *Libro de Oración Común*».

Acción de gracias

Oh Dios, nuestro Padre, fuente de toda bondad, que has sido benigno con nosotros a través de todos los años de nuestra vida; te damos gracias por tu gran bondad que ha llenado nuestros días y nos ha traído hasta este momento y lugar.
Alabamos tu santo nombre, oh Señor.

Tú nos has dado vida e inteligencia, y nos has colocado en un mundo que está lleno de tu gloria. Tú nos has alegrado con la dádiva de familiares y amigos, y nos has asistido a través de las manos y las mentes de nuestros semejantes.
Alabamos tu santo nombre, oh Señor.

Tú has puesto en nuestros corazones sed de ti; y nos has dado tu paz. Tú nos has redimido y nos has llamado a una alta vocación en Cristo Jesús. Tú nos has dado un lugar

en la comunión de tu Espíritu y con el testimonio de tu Iglesia.
    Alabamos tu santo nombre, oh Señor.

En las tinieblas tú has sido nuestra luz; en la adversidad y la tentación, una roca de fortaleza; en nuestras alegrías, el verdadero espíritu del gozo; en nuestros trabajos, la suficiente recompensa.
    Alabamos tu santo nombre, oh Señor.

Tú nos has recordado cuando nos hemos olvidado de ti; nos has seguido cuando hemos huido de ti; nos has recibido con perdón cuando nos hemos vuelto a ti. Por toda tu paciencia y la abundancia de tu gracia.
    Alabamos tu santo nombre, oh Señor.

Espiritualidad moderna

Plegaria de Silesius

> Johann Schleffer, conocido por el nombre de Angelus Silesius, fue un gran místico alemán del siglo XVII.

Oh mi creador y mi Dios, iluminado por tu resplandor descubro de qué forma admirable he sido hecho. Soy del Universo y el Universo está en mí. He sido creado por ti, y yo permanezco en ti y tú en mí. Soy del Universo, el Universo me lleva dentro de mí, me envuelve, y yo llevo dentro de mí el Universo y lo envuelvo. Soy su hijo, y él se ha convertido en lo que yo soy, y yo me he convertido en lo que él es: ya que todo lo que vive en el vasto Universo, vive también espiritualmente y por tanto yo soy con él y no podría existir sin él. El Universo ha de alimentarme, nutrirme, mantenerme y darme todo lo que preciso para mi vida mortal. Y tú, Señor, me has creado a tu imagen y semejanza y me has dado el espíritu: tú estás en mí y yo en ti, y sin ti no puedo vivir ni un instante. Todo esto yo lo veo en ti y tú en mí, puesto que mis ojos son tus ojos y mi entendimiento, tu entendimiento, y mis ojos ven lo que tú ves y no lo que yo quiero ver. Tú te conoces a ti mismo a través de mí, es decir: a través de ti mismo y esta es la causa de mi bienaventuranza. En realidad iluminado por tu luz, yo veo tu luz.

Plegaria de Fenelón

> François de Silignac de la Mathe Fenelón (1651-1715) fue obispo de Cambray y uno de los escritores más leídos de su siglo.

¡Oh mi Dios!, que tu espíritu se convierta en mi espíritu y que el mío quede aniquilado para siempre.

Yo no soy, mi Dios, lo que es; soy, ¡ay!, casi lo que no es. Me veo como un núcleo incomprensible entre la nada y el ser: soy el que fui; soy el que será; soy el que ya no es el que fue; soy el que todavía no es lo que será; y entre estas dos entidades, ¿quién soy yo? Algo incapaz de erigirse en sí mismo, algo carente de consistencia, algo que fluye raudo como el agua; algo indefinido que no logro asir, que se escapa de mis manos, algo que apenas intento agarrar o afirmar ya no existe; algo que acaba en el mismo momento en que empieza, de modo que, ni por un instante, puedo encontrarme fijo y presente en mí mismo para poder decir simplemente: existo. Oh qué infinito abismo entre yo y tu eternidad, que es invisible, infinita y siempre íntegramente presente. Y qué lejos estoy siquiera de comprenderla. Se me escapa de tan verdadera, simple e inmensa, como también se me escapa mi ser de tan fragmentado, de tanta amalgama de verdad y mentira, de ser y de nada.

El espíritu de nuestro tiempo

Canto espiritual, de Joan Maragall

Si el mundo es ya tan bello y se refleja,
oh, Señor, con tu paz en nuestros ojos,
¿qué más nos puedes dar en otra vida?

Así estoy tan celoso de estos ojos y rostro,
y del cuerpo que me diste, Señor,
y del corazón que en él late... ¡y tengo tal miedo a la muerte!

Pues, ¿con qué otros sentidos me harás ver
este cielo azul sobre las montañas,
y el ancho mar, y el sol que en todo brilla?
Dame en estos sentidos paz eterna
y no querré más cielo que este cielo azul.

Aquel que grite tan sólo «¡Detente!»
al instante que le traiga la muerte,
no lo entiendo, Señor, ¡yo, que quisiera
pasar tantos instantes cada día
para que eternos fueran en mi corazón!
¿O es que este «hacer eterno» es ya la muerte?
Pero entonces, la vida ¿qué sería?
Tan sólo sombra del tiempo que pasa,
ilusión de lo cerca y de lo lejos,
cuenta del mucho, el poco, el demasiado,
engañador, pues ¿ya todo lo es todo?
¡Da igual! Del modo que sea, este mundo

tan extenso, tan diverso y temporal,
esta tierra con todo cuanto engendra,
es mi patria, Señor, ¿y no podría
ser también una patria celestial?
Hombre soy, y es humana mi medida
para todo lo que pueda creer y esperar:
si mi fe y mi esperanza aquí se quedan
¿me acusarás por ello más allá?
Más allá veo el cielo y las estrellas,
y allí también un hombre ser quisiera:
si a mis ojos las cosas has hecho tan bellas,
si mis sentidos y ojos hiciste para ellas,
¿por qué cerrarlos, pues, otro «como» buscando?
¡Si para mí jamás lo habrá como este!
Ya sé que existes, mas dónde ¿quién lo sabe?
Cuanto miro se te parece en mí...
Déjame, pues, creer que estás aquí.
Y cuando llegue la hora temerosa
en que se cierren estos mis ojos humanos,
ábreme tú, Señor, otros mayores
para tu inmensa faz poder mirar.
¡Nacimiento mayor sea mi muerte!

Plegaria del Padre Pierre Teilhard de Chardin

Jesús,
Salvador de la actividad humana, a la que das un sentido a
[su actuar.
Salvador del dolor humano, al que das un valor de vida.
Sé el Salvador de la unidad humana, forzándonos a abando-

nar nuestras mezquindades y, apoyados en ti, aventurarnos en el ignoto mar de la caridad.

Plegaria de L. J. Lebret

¡Oh Dios! Envíanos locos, de los que se comprometen a fondo, de los que se olvidan de sí mismos, de los que aman con algo más que con palabras, de los que se dan de verdad y hasta el fin.

Necesitamos locos, necesitamos chiflados, apasionados, hombres capaces de dar el salto hacia la inseguridad, hacia la cada vez más sorprendente incertidumbre de la pobreza, que acepten diluirse en la masa anónima sin pretensiones de erigirse un escabel, o que no utilicen las superioridades adquiridas únicamente en su provecho. No siempre el salto consiste en romper con su medio o género de vida; se trata de una ruptura mucho más profunda, la ruptura con el sí mismo egocéntrico, que hasta hoy lo ha dominado todo.

Necesitamos locos del presente, enamorados de una forma de vida sencilla, libertadores eficientes del proletariado, amantes de la paz, puros de conciencia, resueltos a nunca traicionar, que menosprecien su propia vida, dispuestos a la plena abnegación, capaces de aceptar cualquier tarea, de acudir donde sea por disciplina, libres y obedientes, espontáneos y tenaces, dulces y fuertes.

Plegaria de Emmanuel Mounier

Dios mío, si alguna gloria nos alcanzare, deberán saberlo los hombres y deberán pensarnos como tú el día del juicio.

Deberán saberlo por nuestro propio testimonio, que nosotros no éramos unos más del montón, pequeños entre los pequeños, más insignificantes que este o aquel que podría señalar que fuiste tú y únicamente tú, que pusiste unas chispas en nosotros y las hiciste resplandecer en nosotros puesto que somos indiferentes sin el amor infinito que nos das, y puesto que lo que llamamos azar es vuestra justicia.

Quiero, Señor, que de tal forma estés presente en mi ora, que tú mismo la hagas añicos desde dentro si no es según tu voluntad.

Oración de la maestra, de Gabriela Mistral

¡Señor! Tú, que enseñaste; perdona que yo enseñe; que lleve el nombre de maestra que tú llevaste por la tierra.

¡Maestro! Dame el amor único de mi escuela Hazme perdurable el fervor y pasajero el desencanto No me duela la incomprensión, ni me entristezca el olvido de quienes enseñé.

Dame el ser más madre que las madres y defender como ellas lo que no es carne de mi carne…

Muéstrame posible tu Evangelio en mi tiempo para que no renuncie a la batalla de cada día y de cada hora por él.

Dame el levantar los ojos de mi pecho con heridas, al entrar cada mañana en mi escuela. Que no lleve a mi mesa de trabajo mis pequeños afanes materiales, mis dolores de cada hora.

Aligérame la mano en el castigo y suavízame más en la caricia. ¡Reprenda con dolor para que se sepa que he corregido amando!

Oración del Job moderno

Tengo que hablarte también de mi ira y de mi amargura, le dice desde el principio, y de mi vergüenza y de mi dolor. ¡Déjame hablar contigo! Acepta mi coloquio como una oración. Como ruegos toma mis relatos y como imploraciones, mis preguntas, aunque sea todo ello demasiado incisivo y osado. Puesto que quiero rezar, deja que mis palabras sean sinceras y apasionadas, ardientes con la pasión del atormentado amor que te tengo.

A Ti puedo traerte todo lo que pesa sobre mi corazón como una losa; lo que en él se agita como una fiera salvaje. Todo puedo decírtelo y Tú eres el único ante quien me atrevo a ser sincero. Ante los hombre no me atrevo... Pero a Ti, sí puedo abrirte mi corazón. Tú no te asombras, no te espantas.

Sí, quiero quejarme ante Ti, quiero gemir ante Ti. Y sólo ante Ti. Y no quiero que Tú me tengas simplemente por un narrador ameno. No, con el puño cerrado golpeo en tu puerta, y mi clamor ha de ascender a Ti tan tenaz y salvaje, que tengas que atenderme. Mis manos te estrechan y en su mudo lenguaje te dicen: ¡Ayuda, ayuda!

De Pedro Lippert en su libro *El hombre Job habla con Dios*.

Plegaria de un militante

Señor:

Soy un ser limitado en todo: salud, conocimientos, habilidad, actividad, pero mi amor no tiene otros límites que los que les traza mi egoísmo...

He esquivado la santidad, he recelado, tergiversado, vacilado, calculado cuando hubiera debido darlo todo...

Señor Jesús, aquí estoy con mis pusilanimidades y mis deseos dementes; dame tu bendición y tu auxilio; necesito tu infinita bondad. Olvida las veces que para ti he sido un mal amigo; quisiera iniciar una nueva amistad contigo, una amistad joven y ardiente, una amistad en la que todo lo tuviéramos en común, una amistad para la vida y para la muerte. Dame un corazón nuevo, un corazón fiel, humilde como el de tu Madre, ardiente como el de Pablo.

Madre, obtenme de Jesús que me destine de nuevo al lugar de la lucha, un lugar en el que sea capaz de mantenerme firme; Madre, hazme generoso con tu gracia y con tu fuerza: cuando recibas mi ofrecimiento, transforma también mi corazón.

Que todos los que ya llegaron a su meta, todos los que acabaron su lucha, santos, mártires, confesores, tengan piedad de este pobre militante que intenta imitarlos y ser santo.

De Pierre Lyonnet en *Escritos espirituales*.

Oración de petición

Señor, enseñadnos a no amarnos a nosotros mismos,
a no contentarnos con amar a los nuestros,
con amar a los que amamos.
Señor, enseñadnos a pensar sólo en los demás,
a amar, primeramente, a los que no son amados.

Señor, heridnos con el sufrimiento de los demás.
Señor, concedednos la gracia de descubrir
que, a cada minuto de nuestra existencia,
de nuestra vida dichosa y por Vos protegida,
hay millones de seres humanos,
que son hijos vuestros,
que mueren de hambre
y no merecen morir de hambre;
que mueren de frío,
y no merecen morir de frío...
Señor, compadeceos de todos los pobres del mundo.
Compadeceos de los leprosos,
a quienes sonreísteis, en otro tiempo, sobre la tierra.
Millones de leprosos
que tienden hacia vuestra Misericordia
sus manos sin dedos, sus brazos sin manos...
Y perdonadnos, por haberlos abandonado
durante tanto tiempo
por un miedo vergonzoso.
Señor, no permitáis más que seamos felices a solas.
Dadnos la angustia de la miseria universal,
y libradnos de nosotros mismos...
Si tal es vuestra voluntad.

De Paul Barrau, en *Cuando los obreros rezan*.

Acto de caridad

Dios mío que conocéis cuán pobre es mi alma y con qué frecuencia pierde el aliento ante el menor ruido de una brisa imaginaria.
Dios mío que sabéis que mi corazón sediento de amor se retrasa sin fin... y no sabe amar o no ama sino a medias...
Dios mío que lo sabéis todo..., que sabéis que la dulzura puede llenar mi ser y también la desesperación que reniega de tu amor...
Sabéis que os amo.
Conocéis todas mis rebeliones..., mis flaquezas, mis cobardías..., mis miserias sin fin... Pero también conocéis mi descontento, mi fragilidad ante lo humano...
¡Conocéis mi pobre, tímida y renovada confianza!
¡Dios mío, sabéis que os amo!
Hay una gran paz en lo recóndito de mi alma,
una gran esperanza...
a pesar de las apariencias...
Porque sé que estáis ahí...
Señor mío, Dios mío y mi todo.

De una militante obrera: De Paul Barrau, en *Cuando los obreros rezan*.

Plegaria del papa Juan XXIII

Oh Salvador de todas las naciones, oh Jesús, víctima inocente pascual, que has reconciliado a los pecadores con el Padre, esparce todos los dones deseables sobre todos y cada uno de los miembros de la familia humana, para que tu luz, a punto de encenderse de nuevo, ahuyente las tinieblas del error de los espíritus, purifique los corazones, ilumine a todos y a cada uno en particular el camino de su propia vocación, y suscite en todo el mundo una ardiente voluntad de caridad, de justicia, amor y de paz.

Del mensaje pascual de 1959.

Plegaria de un enfermo muy grave

Señor, el día ha acabado, dejándome, al igual que los pasados, la impresión de un fracaso completo. No he hecho nada por vos: ni oraciones conscientes, ni obras de caridad, ni ningún trabajo, trabajo sagrado para todo cristiano capaz de comprender su significado. Ni siquiera he sabido dominar las impaciencias pueriles ni los rencores estúpidos que ocupan, demasiado a menudo, vuestro lugar en la «tierra de nadie» de mi sensibilidad. En vano os prometo comportarme mejor: el día de mañana no será probablemente mejor que el siguiente.

Si evoco mi existencia, me sumerjo en la misma impresión de insuficiencia. Os he buscado en la oración y en el servicio del prójimo, pues ya no podemos separarnos de nuestros hermanos del mismo modo que no separamos nuestro cuerpo de nuestra alma. Pero, al buscaros, ¿acaso no era a mí misma a la que encontraba y a la que quería satisfacer? Estas obras que, secretamente, calificaba de buenas y santas, se disgregan ante el esplendor de la eternidad muy cercana y no me atrevo a apoyarme, como otras veces, en estos apoyos sin consistencia. Ni siquiera los sufrimientos actuales me producen alegría alguna, porque los soporto mal. Tal vez todos seamos así: incapaces de discernir otra cosa que nuestra miseria y nuestra desesperante cobardía bajo la luz del Más Allá, agrandándose en nuestro horizonte.

Pero quizá también, Señor, esta impresión de desnudez es una parte del plan divino; quizás estar satisfecho de uno mismo es a vuestros ojos el más impertinente de los oropeles y debemos presentarnos desnudos ante vos a fin de que sólo vos nos revistáis.

De Margarita - María Teilhard de Chardin, en su obra *Energía espiritual del sufrimiento*.

De profundis

Si vais por la carrera del arrabal,
no os inficione mi pestilencia.
El dedo de mi Dios me ha señalado:
odre de putrefacción quiso que fuera mi cuerpo,
y una ramera de solicitaciones mi alma...
Yo soy la piltrafa que el tablajero arroja al perro del men-
[digo,
y el perro del mendigo arroja al muladar.
Pero desde la mina de las maldades, desde el pozo de la
[miseria,
mi corazón se ha levantado hasta mi Dios, y le ha dicho:
Oh, Señor, tú que has hecho también de podredumbre,
[mírame,
yo soy el orujo exprimido en el año de la mala cosecha,
yo soy el excremento del can sarnoso,
el zapato sin suela en el carnero del camposanto,

yo soy el montoncito de estiércol a medio hacer,
que nadie compra,
y donde casi ni escarban las gallinas.
Pero te amo,
pero te amo frenéticamente.
¡Déjame, déjame fermentar en tu amor,
deja que me pudra hasta la entraña,
que se me aniquilen hasta las últimas briznas de mi ser,
para que un día sea mantillo de tus huertos!

De Dámaso Alonso, en *Hijos de la ira.*

Última plegaria de Gandhi

El día 30 de enero de 1948, a las 5 y cuarto de la tarde, en el jardín de Birla House de la ciudad de Delhi fue asesinado Gandhi. Cayó víctima de los disparos que hizo sobre él Nathuram Godse.

Cuando Gandhi, aquella tarde, cayó bajo las balas, sus últimas palabras fueron: «*¡Hai Rama, Hai Rama!*» (¡Oh Dios! ¡Oh Dios!) En la mañana de aquel mismo día Gandhi oró con la plegaria de este antiguo himno gujarati, que mandó cantar a su nieta Manubhen:

Ya te sientas fatigado o no, ¡oh hombre!, no descanses;
no ceses en tu lucha solitaria,
sigue adelante y no descanses.
Caminarás por senderos confusos y enmarañados
y sólo salvarás unas cuantas vidas tristes.
¡Oh hombre!, no pierdas la fe, no descanses.

Tu propia vida se agotará y anulará,
y habrá crecientes peligros en la jornada.
¡Oh hombre!, soporta todas estas cargas, no descanses.

Salta sobre tus dificultades
aunque sean más altas que montañas,
y aunque más allá sólo haya campos secos y desnudos.
¡Oh hombre!, no descanses hasta llegar a esos campos.

El mundo se oscurecerá y tú verterás luz sobre él
y disiparás las tinieblas.
¡Oh hombre!, aunque la vida se aleje de ti, no descanses.

¡Oh hombre!, no descanses;
procura descanso a los demás.

Invocación

¿Cómo cantas tú, Señor? ¡Siempre te encuentro mudo de asombro!

La luz de tu música ilumina el mundo, su aliento va de cielo a cielo, su raudal santo vence todos los pedregales y sigue, en un torbellino, adelante.

Mi corazón anhela ser uno con tu canto, pero en vano busca su voz. Quiero hablar, pero mi palabra no se abre en melodía; y grito vencido. ¡Ay, cómo me coges el corazón en el enredo infinito de tu música, Señor!

Quiero tener mi cuerpo siempre puro, vida de mi vida, que has dejado tu huella viva sobre mí.

Siempre voy a tener mi pensamiento libre de falsía, pues tú eres la verdad que ha encendido la luz de la razón en mi frente.

Voy a guardar mi corazón de todo mal, y a tener siempre mi amor en flor, pues que tú estás sentado en el sagrario más íntimo de mi alma.

Y será mi afán revelarte en mis acciones, pues sé que tú eres la raíz que fortalece mi trabajo.

Permite, Dios mío, que mis sentidos se dilaten sin fin, en una salutación a ti, y toques este mundo a tus pies.

Como una nube baja de julio, cargada de chubascos, permite que mi entendimiento se postre a tu puerta, en una salutación a ti.

Que todas mis canciones unan su acento diverso en una sola corriente, y se derramen en el mar del silencio, en una salutación a ti.

Como una bandada de cigüeñas que vuelan, día y noche, nostálgicas de sus nidos de la montaña, permite, Dios mío, que toda mi vida emprenda su vuelo, a su hogar eterno, en una salutación a ti.

De Rabindranath Tagore en *Ofrenda lírica.*

Plegaria de paz

A los pies de mi África, que hace cuatrocientos años que está crucificada, y no obstante palpita todavía,
 permite, Señor, que te dirija una plegaria de paz y de perdón...
¡Señor Dios, perdona a la Europa blanca!

Ya que necesitan tu perdón, Señor, los que cazaron a mis hijos como elefantes salvajes,
y los subyugan a latigazos, e hicieron de ellos las manos negras de los que tenían las manos blancas.
Ya que necesitan tu perdón los que deportaron diez millones de mis hijos en las bodegas de sus naves,
y eliminaron a doscientos millones
y me han procurado una vejez solitaria en la selva de mis noches y en la sabana de mis días.
Señor, mi vista se ofusca,
y la serpiente del odio yergue su cabeza en mi corazón, aquella serpiente que creíamos muerta.
Abátela, Señor, puesto que debo proseguir mi camino…

Bendice a este pueblo, Señor, que busca sus propios rasgos bajo la máscara e intenta reconocerlos.
Que te busca en el frío, en el hambre que roen sus entrañas y sus huesos…

Bendice a este pueblo que rompe sus cadenas, bendice a este pueblo que vive en la frontera que separa a los silenciosos hambrientos de los poderosos y torturadores.
Y con él a todos los pueblos de Europa, a todos los pueblos de Asia, a todos los pueblos de África y a todos los pueblos de América por cuyos rostros corren sudores de sangre y sufrimientos.
Y entre estas inmensas multitudes mira los rostros inquietos de mi pueblo, y concede a sus manos ardientes poder enlazarse con otras manos fraternas que acordonen la tierra, bajo el arco iris de tu paz.

De Leopoldo Sédar Senghor en *Hosties noires*.

Oración para pedir la fe

Yo creo, señor; yo quiero creer en ti.

Señor, haz que mi fe sea *plena,*
sin reservas,
y que penetre mi pensamiento
y mi manera de juzgar las cosas divinas
y las cosas humanas.

Señor, haz que mi fe sea *libre,*
que tenga el concurso personal de mi adhesión,
que acepte las renuncias y los deberes que comporta
y que sea fina expresión del estilo de mi personalidad;
yo creo en ti, Señor.

Señor, que mi fe sea *cierta,*
cierta por una coherencia entre las pruebas exteriores y los testimonios interiores del Espíritu Santo.
Cierta por su luz que asegure,
por sus conclusiones que tranquilicen,
por su asimilación que descanse.

Señor, haz que mi fe sea *fuerte,*
que no se asuste ante la contradicción de los problemas que llenan la experiencia de nuestra vida, ávida de luz;
que no tema la oposición de quienes la discuten, la atacan, la rechazan, la niegan,
sino que se fortifique en la experiencia íntima de tu verdad,
que resista la fatiga de la crítica,
se fortifique por afirmaciones continuas

y remonte las dificultades dialécticas y espirituales, en medio de las cuales discurre nuestra existencia temporal.

Señor, haz que mi fe sea *alegre*,
que dé paz y sosiego a mi espíritu
y que lo disponga a la oración con Dios
y a la conversación con los hombres,
para que irradie
en estas relaciones sagrada y profana
la felicidad interior de tu presencia.

Señor, haz que mi fe sea *activa*
y que ella dé a la caridad un motivo de su expansión moral
de modo que ella constituya una verdadera amistad contigo,
y que en las obras, en el sufrimiento, en la espera
[de la revelación final,
suponga una continua búsqueda de ti,
un testimonio continuado,
un alimento ininterrumpido de la esperanza.
Señor, haz que mi fe sea *humilde*
y que no tenga la presunción de fundarse sobre la experiencia
de mi pensamiento y de mi sentimiento,
sino que más bien se rinda al testimonio del Espíritu Santo
y que no tenga otra ni mejor garantía
que la docilidad de la tradición
y la autoridad del magisterio de la santa Iglesia.
Amén.

Pablo VI

Plegaria de Soljenitsin

Alexander Soljenitsin, ruso, fue galardonado con el premio Nobel en el año1970.

¡Qué bueno es para mí vivir Contigo, Señor! ¡Qué confortante me resulta creer en Ti! Cuando mi espíritu desfallece y deja de comprender, cuando los hombres más inteligentes no ven más allá del fin del día e ignoran qué deberán hacer mañana, Tú me mandas la clara certidumbre de Tu existencia y del cuidado que pones en que no se cierren todas las puertas del bien.

Llegado a la cumbre de la gloria terrena, miro con sorpresa el camino recorrido y que en soledad yo jamás habría descubierto, un sorprendente camino que a través de la falta de esperanza, me ha conducido hacia este lugar desde el cual he podido devolver a la humanidad el reflejo de Tus rayos.

Y Tú seguirás dejándome reflejarlos en la medida en que esto sea necesario.

Y si yo no tengo tiempo de hacerlo, Tú encargarás a otro que lo haga.